JN288287

誰でもできる
楽しいなわとび

榎木 繁男
岡野 進
和中 信男

大修館書店

まえがき

なわとびは、かつてわが国において、伝承的な歌とともに集団遊びとして、子どもたちの間で広まりました。そして、その後今日に至るまで、レクリエーションや遊びの中で行われたり、学校での体操や体育の教材として取り上げられてきました。さらに、近年においては大人の運動不足の解消法として、また健康・体力づくり手段としても注目され、ブームを呼んだこともありました。

なわとびが、今日に至るまで、廃れることなく継続して引き継がれている理由は、「短なわ」では、様々な跳び方ができるというおもしろさと、新しい跳び方ができたときの充足感、なわに引っかからないで最後まで跳び続けることができた充実感、リズミカルに調子よく跳べる爽快感などを味わえるからでしょう。また「長なわ」では、多くの仲間たちといっしょになって遊んで楽しめる運動であることもその理由となるでしょうし、さらにはなわとび運動によって、種々の体力づくり（トレーニング）や健康・体力づくりが行えることも、大きな魅力になっているものと思われます。

ところで、1970年代には、本書の著者の一人である榎木（1977年）が著した『5分間なわとび健康法』（講談社）の他、かなり多くのなわとびの本が出版されました。その多くは、なわとびの種々の跳び方を、写真やイラストによって紹介したものでした。しかしながら、1980年代に入ると、なわとびの本の出版はあまり見られなくなってしまいました。

われわれ著者3名は、中学校や高校において、長年にわたりなわとびを授業の中で指導してきた豊富な経験を持つものです。もちろん、それだけではなく、なわとびのおもしろさ・楽しさやその効果、魅力について、誰よりもよく理解しているものと自負しています。数年前、われわれ3名によって、なわとびのバイオメカニクス研究を行った際に、何とか著書を出版し、なわとびのすばらしさをできるだけ多くの人たちに伝えることができたらという話をしていたところ、幸いにも（株）大修館書店のご理解を得ることができ、ここに夢が実現するに至ったわけです。

さて、本書は、3章からなっています。第1章は、なわとびを始めるにあたっての基本的事項や基本となるなわとびの跳び方（種目）について、その1

つ1つを取り上げ、イラストを用いてわかりやすく解説をしました。また、なわとびの方法（行い方）やその指導についても述べましたので、第1章をお読みいただければ、誰でもなわとびを安全に楽しく始めたり、行うことができるはずです。また、上手くなれば、難度の高い跳び方に挑戦したり、他のレパートリー（ダブル・ダッチなど）のなわとびの方法にも挑戦していくことができると思います。

　次の第2章は、小学校や中学校・高校において、実際に行われているなわとび授業の興味深い事例を取り上げました。もちろん、この中では、われわれが実際に指導したものが中心となっていますが、われわれが行った授業では、子どもたち誰もが真剣になわとび運動に取り組んでいたことをつけ加えておきます。また、本章で取り上げた種々のなわとびカードや等級別なわとび、進級なわとびの実例を参考にしてくだされば、すぐにでもなわとびの授業を行うことができますし、ここに示された事例を元に一工夫していただければ、新たななわとび授業を展開していくこともできるはずです。

　最後の第3章は、これまで出版されたなわとびの本では、ほとんど見ることがなかった内容になっています。この章では、なわとびの運動特性や魅力について、その起源や歴史から、また生理学やバイオメカニクスの面から、さらには運動効果の面から、われわれの研究成果をまとめてみました。なわとび（授業）を始める際に、児童・生徒に興味を抱かせる導入の話として、またなわとびの上達やより良い指導を導き出すための基礎的理論として、この第3章を役立てていただければ幸いに思います。

　いずれにしましても、本書は、われわれ著者3名が長期にわたるなわとびの指導経験と科学的研究とを重ねてきた結果、なわとびのすばらしさを、できるだけ多くの人たちに知ってもらいたい一心で書き上げたものです。体育の授業（指導）にはもちろんのこと、社会体育や地域クラブでの指導に、またスポーツや健康のための体力づくりの際に、本書が役立ってくれれば、われわれの望外の喜びであります。

　　　　　平成17年9月15日

　　　　　　　　　　　　　　　　　　　著者を代表して　　岡野　進

も　く　じ

まえがき………………… iii

第1章　なわとびの行い方と指導 ………………………………………… 1

１．なわとびを始める前の基本10項目──── 2

①なわの選び方─ 2　　②柄（グリップ）の選び方、作り方─ 3
③なわの長さ─ 3　　　④柄（グリップ）の握り方─ 3
⑤腕の位置と動かし方─ 4　⑥運動場所─ 4
⑦服装・履物─ 5　　　⑧準備・整理運動─ 5
⑨跳ぶときの正しい姿勢と動き─ 5　⑩スタートとフィニッシュのし方─ 6

２．なわとびの基本的な跳び方とその指導──── 7

(1)　なわとびの基本用語　　7
①短なわの回旋方向による名称─ 7
②短なわを飛び越す前の腕の位置による名称─ 8
③短なわの動き、または軌道による名称─ 8
④回旋数─ 9　　　　　　⑤足型─ 9

(2)　なわとびの基本技術　　9
①手の動き（なわの回し方）─ 9
②跳躍中のなわの回旋数とリズム─ 10
③腕の変化による跳び方─ 11

　　１）交差とびF　２）あやとびF　３）側振交差とび(側振あや、前方片手交差とび、サイドクロス)F　４）２重あやとび(はやぶさ、速あや)F　５）速側振交差とび(速側振あや)F　６）背面交差とび(後ろ交差とび)F　７）背面あやとび(後ろあや)F　８）背面側振交差とび(後ろ側振あや)F　９）背面２重あやとび(後ろ速あや)F　10) 側振前後交差とびF　11) かえし技F　12) かえし技B

④いろいろな足の動作（足型）による跳び方─ 18

　　１）両足とび　２）前後開脚両足とび、左右開脚両足とび　３）片足とび　４）踏みかえとび　５）もも上げとび　６）足たたきとび　７）かけ足とび　８）片足前出しとび　９）片足横出しとび　10) 片足前とび　11) 前後開閉とび　12) 左右開閉とび　13) 左右交差開閉とび　14) 前後左右開閉とび　15) 前後左右交差開閉とび　16) 前振りとび(脚前振とび)　17) 前振り両足とび(脚前振両足とび)　18) 側振とび(脚側振とび)

⑶　短なわとびの跳び方　　24
　　1）両足とびB　2）かけ足とびF、B　3）あやとびB　4）側振交差とび（側振あや、後方片手交差、サイドクロス）B　5）交差とびB、背面交差とび（後ろ交差とび）B　6）側振前後交差とび（後ろ側振前後交差とび）B　7）かけ足あやとびF　8）かけ足交差とびF　9）2重・交差とび（2回旋1回旋あや）F、B　10）2重とび（2回旋）B　11）両足・交差2重とび（1回旋2回旋あや）F、B　12）速側振交差とび（速側振あや）B　13）2重・交差2重とび（2回旋2回旋あや）F　14）かけ足2重とび（かけ足2回旋）F、B　15）交差2重とび（交差2回旋）F、B　16）2重あやとび（はやぶさ、速あや）B　17）速側振前後交差とびF　18）速側振交差2重とび（速側振2回旋）F　19）速側振2重あやとび（速側振速あや）F　20）3重とび（3回旋）F、B　21）3重あや、順・順・交とび（速あや3回旋、順・順・交）F　22）3重あや、順・交・交とび（速あや3回旋、順・交・交）F　23）3重あや、順・交・順とび（速あや3回旋、順・交・順）F　24）3重・交差3重とび（3回旋3回旋あや）F　25）交差3重とび（交差3回旋）F　26）かけ足3重とび（かけ足3回旋）F　27）速側振前後交差2重とびF　28）速側振前後交差前あやとび（速側振前後交差順回旋）F　29）4重・交差4重とび（4回旋・4回旋あや）F　30）両(片)速側振交差とび（両速側振あや）F　31）3重・交差2重とび（3回旋・交差2回旋）F　32）2重・交差3重とび（2回旋・交差3回旋）F　33）回転とびF

⑷　短なわの団体とびの跳び方　　40
　　①1人で回して2人または3人で跳ぶ方法― 41
　　②2人で回して2人で跳ぶ方法― 42
　　③3人の短なわとび― 44
　　④4人の短なわとび― 45
　　⑤5人の短なわとび― 45

⑸　方向変換（転換）　　46
　　①前方回旋とびから後方回旋とびへ― 46
　　②後方回旋とびから前方回旋とびへ― 46
　　③難しい方向転換― 47

⑹　組み合わせ（連続）とび　　47
　　1）両足とびF→あやとびF→交差とびF（1回旋1跳躍）
　　2）両足とびB→あやとびB→交差とびB
　　3）あやとびF→交差とびF→両足とびF→かけ足とびF
　　4）あやとびB→交差とびB→両足とびB→かけ足とびB
　　5）両足とびB→両足とびF→あやとびB→交差とびB
　　6）側振交差とびF（前方片手交差）→交差とびF→両足とびF→あやとびB→かけ足とびF

7）両足とびF→2重・交差とびF→あやとびF→方向変換→側振交差とびB（後方片手交差）→交差とびB
　　　8）両足とびF→片足前とびF→前後開閉とびF→前振りとびF→方向変換→両足とびB（1回旋2跳躍）
　　　9）側振交差とびF（前方片手交差）→方向変換→片足前とびB→側振交差とびB（後方片手交差）→前振りとびB→交差とびB→方向変換→2重とびF
　　　10）2重とびF→2重・交差とびF→両足・交差2重とびF→2重・交差2重とびF→交差2重とびF→2重あやとびF（はやぶさ・速あや）

　(7)　**長なわとびの方法と跳び方**　　56
　　　①長なわの回し方—56　　　　　　②長なわの入り方と出方—56
　　　③長・短なわとび—57　　　　　　④十字とび・長短十字とび—58
　　　⑤長なわ平行とび、長短平行とび—58

　3．**リズムなわとびの方法と指導**——60
　　　①個人が短なわとびをリズムに合わせて行う方法—60
　　　②団体で短なわとびをリズムに合わせて行う方法—60

　4．**ダブル・ダッチの方法**——64

第2章　なわとびの授業の実際　……………………69

　1．**M小学校（東京都大田区）のなわとびカード**——70
　2．**I小学校（群馬県）のなわとびカード**——75
　3．**都立K高校のなわとび進級表**——80
　4．**都立O高校のなわとび種目・得点表**——83
　5．**T中学・高校のなわとびの授業**——85
　　　進度表—87／体育手帳抜粋—95／なわとび練習表—101

第3章　なわとびの運動特性と魅力　……………………105

　1．**なわとびの起源と歴史**——106
　　(1)　定かでないなわとびの起源　　106
　　(2)　遊びとしてのなわとび　　107
　　(3)　教材としてのなわとび　　109
　　(4)　ある1冊のなわとびの本から　　113
　　(5)　エアロビクス・ブームとなわとび　　115

2．なわとびの楽しさ・おもしろさ（魅力）── 117
　⑴　集団での遊びは楽しい・おもしろい　　117
　⑵　リズミカルに、また様々なステップで連続して跳べる快感　　118
　⑶　むずかしい跳び方に挑戦し、達成した喜び　　118
　⑷　競技としてのなわとびのおもしろさ　　119
3．なわとびの運動強度を科学する── 120
　⑴　酸素摂取量からみたなわとびの運動強度　　120
　⑵　心拍数からみたなわとびの運動強度　　121
　⑶　エネルギー代謝率（RMR）からみたなわとびの運動強度　　125
4．なわとび運動の上手なとび方を科学する── 127
　⑴　両足とびの「上手な生徒(A)」と「下手な生徒(B)」の比較から　　127
　⑵　2重とびの「上手な生徒(A)」と「下手な生徒(B)」の比較から　　132
5．発育発達段階となわとび── 136
　⑴　器用な子供に育てるために　　136
　⑵　ゴールデン・エイジへの着目　　137
6．なわとび運動効果── 138
　⑴　様々な体力づくり効果　　139
　⑵　健康づくり－エアロビクス効果や肥満解消効果など　　141

引用・参考文献……………… 145
索引……………… 146
あとがき……………… 149

［一口メモ］　●就学前の初心者の短なわとびへの挑戦　54
　　　　　　●2重とびは、垂直とび（ジャンプ力）を向上させるか？　また持久力を高めるか？　140

第1章
なわとびの行い方と指導

少なくとも明治の頃から多くの人々に親しまれてきた運動の1つとしてなわとびを挙げることができます。なわとびは、今日まで、学校体育（体操）の教材として、また子どもたちを中心とした遊びとして、さらには大人の健康・体力づくりとして、普及・発展してきました。こうしたことについての詳細は、本書第3章において述べてありますので、そちらをお読みください。

　そこで、この第1章においては、実際になわとびを適切に行うための基本的な事項について、述べておくことにしたいと思います。ところで、なわとびには、なわの種類によって、1人でもできる「短なわ」とびと、大勢の人で楽しめる「長なわ」とび、その両方を合わせた「長・短なわ」とびがあり、その跳び方のバリエーションは数えきれないほど多くあります。

　本章では、なわとびの多くの跳び方と基本となる代表的な跳び方について、イラストを用いてわかりやすく、説明しておきたいと思います。

1．なわとびを始める前の基本10項目

① なわの選び方

　なわとびを上手に行ったり、また上達するためには、なわの長さと重さ、そして材質が関係しますので、なわ選びは慎重に行う必要があります。現在市販されているなわの材質は、ビニール、麻、綿、革、ゴムなど多種で、それぞれ長所、短所がありますが、最もお勧めしたいのがビニール製（直径4mm前後）のものです。このなわは、価格も安く、切れた場合の修正も簡単ですし、跳んでいるときによじれたりすることがないために、跳びやすいというのが何よりも長所です。もちろん、子どもから大人まで共通して使えます。

② 柄（グリップ）の選び方、作り方

グリップには木製、プラスチック、竹などがありますが、要はなわが回りやすいかどうかということです。この中でビニール製のなわにふさわしいのは竹です。竹の長さは、子どもの場合15〜20cm、大人の場合20〜25cmが良いでしょう。グリップの作り方はごく簡単で、竹の節の中央に小さな穴を開けてなわ（ビニール）を通し、なわの末端を結んで結び目を強めにすればでき上がりです。このように、なわの長さの調節も簡単にできます。

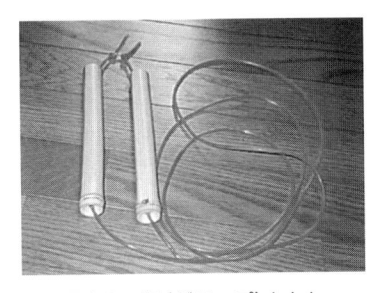

写真1　柄(グリップ)となわ

③ なわの長さ

なわの長さは、なわの真ん中を片足のつま先で押さえ、腕を直角に曲げて引っ張ったときに、グリップの部分が腰から脇腹あたりにくるのが基準です（写真2）。ただし、初心者の場合は、初めは少し長めのものを使う方がよいでしょう。そして、慣れるに従って、短めのものを使うようにします。

上級者の場合は、短めのなわを使います。短めのなわを使うと、グリップや腕を下げた状態になることから、肩に力が入らずリラックスでき、また手首（グリップ）を軽く回すことで、なわの回転を速めることができます。高度な技への挑戦も楽にしてくれることになります。

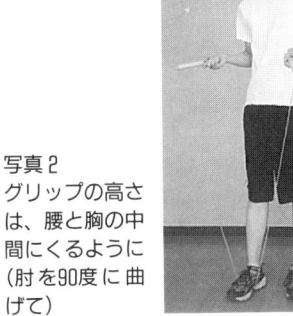

写真2
グリップの高さは、腰と胸の中間にくるように（肘を90度に曲げて）

④ 柄（グリップ）の握り方

グリップに力を入れて握りしめる人が多いのですが、この握り方では、手首がリラックスされないために、スムーズななわの回転が期待できません。そこ

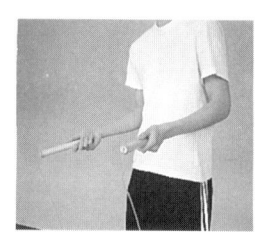

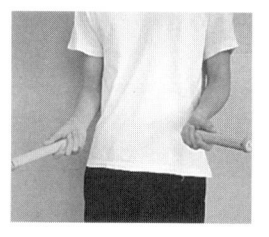

写真3　グリップは人と握手するように握る（親指はグリップを上から軽く押さえる）

で、正しいグリップは、人と握手をするように握るというのがポイントになります。（写真3）。この場合、親指はグリップを上から軽く押さえることになります。このことが、グリップを上下に振るようにしながら手首を回す動きを導き出し、効率の良いなわの回転を生むことになります。

⑤ 腕の位置と動かし方

　肩の力を抜いて腕を垂らすようにし、肘を90度に曲げて身体（脇腹）に近づけると、グリップが腰の高さになります。基本的には、このグリップや腕の位置で、なわを回すことになります。初心者の場合は、腕を大きく回しがちになりますが、なるべく肘を閉め、手首を回すことでなわの回転を生むように心がけることが上達の早道です。

⑥ 運動場所

　なわとびを行う場所としては、弾力性のある体育館の床の上や土の校庭（グラウンド）が良いでしょう。なわとびは、一種の跳躍運動（ジャンプ・ロープとか、ロープ・スキッピングと英語でも言われている）ですから、足（脚）や腰に大きな負荷がかかりますし、コンクリートや舗装された硬い所では、いっそう大きな衝撃を被ることになります。よって、そのような所でのなわとびは行わないのが賢明でしょう。特に、成長期にある小学生や中学生の場所選びには、十分な配慮が必要です。冬になると、「足の踵（かかと）が痛い」と言って病院に来る小学生が増えるということをあるお医者さんから聞きました。その傷害名は、踵骨骨端症（しょうこつ）と言うそうですが、原因の多くがコンクリート上でなわとびを行ったものです。

⑦ 服装・履物

　トレーニング・ウエアー（ジャージ、運動着）に着がえれば問題ありません。なわとびは運動強度が高いので、その分かなりの汗をかきます。暑いときや長時間跳ぶときには、薄着になれるようにしておいたり、またランニング・シャツで行うとよいでしょう。この際、汗を拭くタオルを用意しておくことや、水分補給についても配慮しておくことが必要です。

　履物は跳ぶ衝撃を和らげる上からも、底が柔らかくしっかりとしたスポーツ・シューズを履くことです。また、靴下は厚手のものを履くことで、クッションとなったり、足の汗を吸い取ってくれることになります。革靴や小さい靴で行ったとき、指や爪を傷めることがありますので注意してください。

⑧ 準備・整理運動

　なわとびは、強度の高い跳躍運動ですから、いきなり行うと足をけがしたり、心臓の働きにも良くありません。なわとびを始める前には、必ず準備運動（ウォーミング・アップ）を行うようにしてください。準備運動は、ジョギング・柔軟体操（ストレッチング）を10分くらいは行うようにしたいものです。準備運動は、これから行う運動に身体を（心も）慣らしてくれ、運動効果を上げてくれますし、またけがを予防してくれます。この点、特によく使う部位（足首、アキレス腱、ふくらはぎ、膝や手首など）は十分にストレッチングしておきたいものです。また、筋肉痛を和らげたり、翌日に疲労を残さないためにも、怠りがちな整理運動（クーリング・ダウン）も励行したいものです。

⑨ 跳ぶときの正しい姿勢と動き

　跳ぶときは、足元に目を向けないようにして正面を向き、背筋を伸ばした状態にします。腕は肘を軽く曲げ、グリップは肩の位置よりもやや前方に出します。両肘は両脇腹に軽く触れる感じで閉め、手首を使ってなわを回します（写真4）。初心者に見られるように、肘を身体から離し、腕を大きく回して跳んでいると、それだけで疲れてしまい、長くは跳べません。また、すばやくなわを回せませんので、速く跳んだり、高度な技をこなすこともできません。

　足は、踵をベタッとつかず、つま先で軽く弾むようにして跳ぶことです。踵

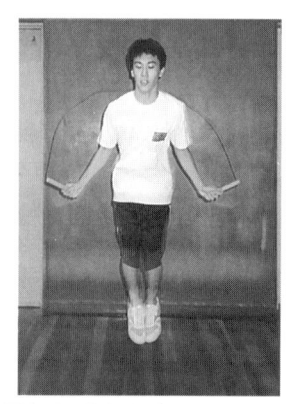

写真4 なわとびの正しい姿勢
　　　（手首を使ってなわを回す）

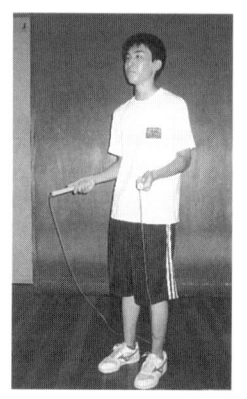

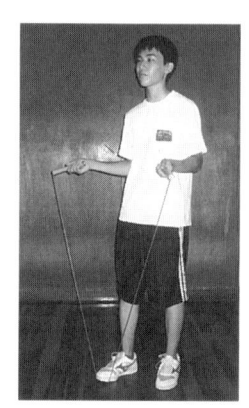

写真5 なわとびのスタート準備（左）とフィニッシュ（右）の様子

をつけて跳ぶと、その衝撃で踵や膝を傷めることになりますし、何よりもリズミカルかつバネの利いた軽快な跳び方はできなくなります。

⑩ スタートとフィニッシュのし方

　なわを跳ぶ前の構えと、跳び終えた後のストップのし方は、それぞれ写真5を参照してください。なわとびは、何となく始めたり終わるよりも、スタートとフィニッシュを決めると実に気持ちが良いものです。後の第2章で紹介するK高校の「組み合わせとび（各級）」では、特にフィニッシュが強調されており、フィニッシュに失敗すると、その級は不合格となります。

2．なわとびの基本的な跳び方とその指導

(1) なわとびの基本用語

短なわを使用した運動のバリエーションの数は大変多く、技術性と変化に富んだものとなっています。以下、その技を系統的に分類し、わかりやすい用語を使い解説しておきます（足型は両足とびを、腕の変化技は左右同じ回数行うことを基本とします）。

①短なわの回旋方向による名称

なわを両手に持ち、身体の後ろになわを垂らした状態で、なわが後方から頭上を通過して前方に向かっていく回旋を「前方回旋」と呼び、逆になわが前方から頭上を通過して後方へ向かっていく回旋を「後方回旋」と呼びます。

12ページ以降に示すイラストでは、前方回旋をF（forward）、後方回旋をB（backward）とします。具体的には順とび（F、B）、交差とび（F、B）、側振交差とび（F、B）、前後交差とび（F、B）などと表示します。

前方回旋

後方回旋

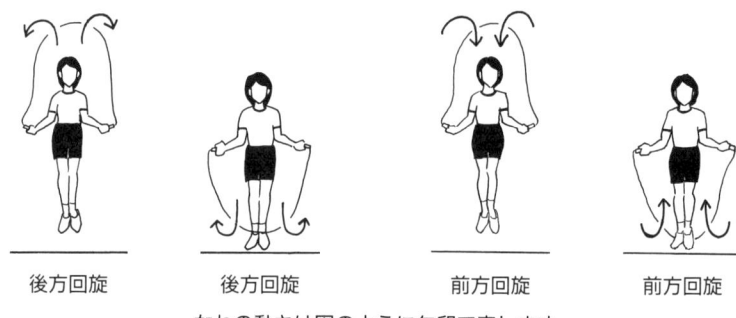

後方回旋　　後方回旋　　　　前方回旋　　前方回旋

なわの動きは図のように矢印で表します

　なお、短なわとびにおける技の解説の際のなわの動きは、イラスト中に矢印を入れておきます。

②短なわを跳び越す前の腕の位置による名称

　なわを跳び越す時点の腕の組手は3種類あります。それは腕交差のし方によって「正面」「背面」「前後」の3つです。身体の前面で腕が交差する場合が「正面」、背中で腕を交差する場合が「背面」、左右の腕の一方は正面で、もう一方が背面で交差する場合は「前後」となります。

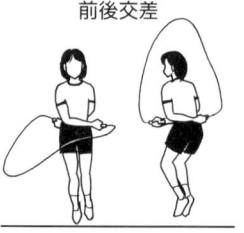

正面交差
(ふつうは特に表記しない)　　　　背面交差　　　　　前後交差

跳び越す前の腕の位置による名称

③短なわの動き、または軌道による名称

　ここでは以下のとおり、用語の説明のみにとどめ、具体的な跳び方やなわの動きなどについては、この後の基本技術、技の解説のところで詳しく説明していきます。

　　○順回旋（F、B）……腕を両脇に軽く添え、回旋させます。
　　○交差（F、B）……腕を前、後ろもしくは前後で交差させ回旋させます。

○側振（F、B）……なわを身体の右側または左側で１回側振回旋させます。
○あや（F、B）……順回旋と交差をくり返します。
○両側回旋（F、B）……１跳躍中に左右の側振回旋をします。
○片側回旋（F、B）……１跳躍中に片側の側振回旋を２回くり返します。

④回旋数

本文中の技名表示に使われている数字は、１跳躍中に足もとを通過するなわの回旋数を示します。その際１回旋については原則的には使わず、２回旋以上を表示しました。

⑤足型

本文中の技名表示に使われている足型は、両足跳躍を基本としています。他の方法の場合は「かけ足２重とび」、「片足前とび」などと表示しました。

⑵ なわとびの基本技術

なわとび運動を構成している技術的要素としては、①手の動き（なわの回し方）、②跳躍中のなわの回旋数とリズム、③腕の変化、④いろいろな足型の４つを挙げることができます。以下、各々の項目について具体的に説明しておきます。

①手の動き（なわの回し方）
１） 肘を曲げて手首を中心にして回す方法

すでに先の１-⑤（４ページ）でも述べましたが、これは短なわを１人で跳ぶときに回す方法で、肘を楽にして曲げ、身体に軽く触れるようにしておき、手首でなわを回します。初心者は、大きく腕を広げて、手首を外側に向けている場合が多いようです。腕（肘）を身体から離してなわを回しますと、利き腕が上がりがちとなり、握りの部分が上下に揺れるので、なわが歪んだ形で回るため失敗しやすくなります。握りの位置をしっかりと固定させるためにも、腕（肘）が大きく開かないよう注意してください。肩関節、肘、手首はできるだけリラックスさせて回すようにします。

1) 肘を曲げて　　　　2) 肘を伸ばし　　　　3) 肩で回す方
　　手首を中心に　　　　　て回す方法　　　　　　法
　　して回す方法

なわの回し方

2) **肘を伸ばして回す方法**
　2人で組になって跳ぶときや、数人で跳ぶ場合に使う方法で、肘を伸ばして、肩から大きく回します。なお、先の1) で述べたように、1人短なわとびには適していません。

3) **肩で回す方法**
　1人短なわとびを行う際、初心者によく見られる回し方です。なわの回転に時間がかかるので、難度の高い技を行うのには適していません。ただし、長なわとびでは肩を使って、大きくなわを回すようにします。

②跳躍中のなわの回旋数とリズム
1)　**両足とび（1回旋2跳躍）**
　この跳び方は、なわが1回旋する間に、2回跳躍する跳び方です。なわが身体の前から足もとを通るときに1度跳び、そのなわが頭上にあるときにもう一度跳ぶ方法で、短なわとびの最も基本的な跳び方です。なわが地面に接する場所は、跳ぶ足のすぐ前か真下がよく、それもなわの中央部のできるだけ少ない部分が接するのが良いでしょう。この跳び方は1回旋1跳躍で長い時間跳べない人や、小さな子ども、中高年、初心者に適しています。また、なわはゆっくりと回し、足首、膝の関節を柔らかくして弾みをつけて、リズミカルに跳ぶようにします。

2)　**両足とび（1回旋1跳躍）**
　なわが1回旋するたびに跳躍する方法です。なわをゆっくり回すと、どうし

両足とび（1回旋2跳躍）

ても跳躍が高くなって余分なエネルギーを使い、疲れてしまいます。そこで、跳ぶ高さは、なわが足もとをやっと通過できるだけの跳躍で十分です。練習を重ねていくと、だんだんと要領が分かって、無駄のない跳び方ができるようになり、続けて跳べるようになります。個人差はありますが、リズミカルに跳べる速さは、1分間に120回くらいです。なお、跳ぶ高さは、地面から5～10cmが良いでしょう。

3）　2重とび（2回旋1跳躍）

　2重とびは、跳躍して着地するまでの間に、なわを2回回す跳び方です。この跳び方は少しむずかしいので、最初は両足で1回旋1跳躍を行っていき、リズムに乗ったところで2重とびを入れて、タイミングをつかむようにするとよいでしょう。また、連続して跳ぶことができない場合は、1回旋1跳躍の両足とびと交互に行うようにし、徐々に要領をつかんでいくと良いでしょう。難易度が高いといっても、リズムとタイミングさえつかめば、小学校低学年の子どもでも、2重とびはできます。

4）　3重とび、4重とび（3・4回旋1跳躍）

　3重とびは、跳躍してから着地するまでに、なわを3回回す跳び方です。同様に、4重とびは跳躍して着地するまでに、なわを4回回す跳び方です。これを行うためには、相当な跳躍力と、できるだけ速いなわ回しが要求されます。

③腕の変化による跳び方

　腕を平行にしてなわを回して、跳ぶ方法ではなく、腕を身体の前で交差したり、後ろで交差（背面と表示します）して跳びます。また、腕を身体の前後に

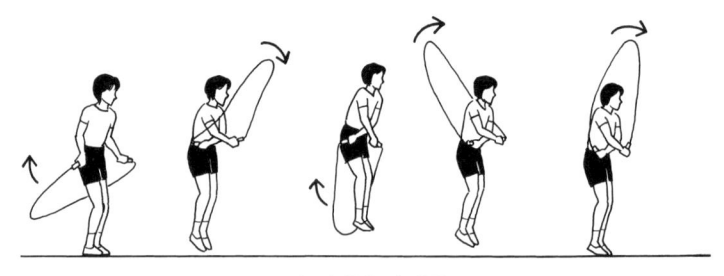

1）交差とび（F）

してなわを回す方法、さらには身体の右または左になわを側振させて跳ぶ跳び方があります。ここでは前方回旋（F）のみについて説明します。後方回旋については、それぞれの技の紹介のところで行います。腕の位置を変化させて跳ぶ場合は、多少長めのなわが適しています。

1） 交差とび（F）

　なわが頭上を通過するとき、腕を身体の前または身体の後ろで交差させたまま跳ぶ方法です。腕を交差させるとき、重なった左右どちらの腕が前になっても良いので、やりやすい腕を前方にします。交差の際に左右の手を交互に上にしたり、下にしたりして跳ぶ方法もあります。交差とびでは、腕の交差が浅くて輪が小さくなったり、手首の回転が弱くてなわが失速したりしがちです。なわが足もとを通るとき、両腕を強く引き上げたりせず、常に手首の位置を腰のあたりに保持してリラックスした状態を保ち、腕を深く交差させておくことが大切です。なわが足もとを通過するときは、手首を柔らかくして、リズミカルに回転力をつけるようにします。

2） あやとび（F）

　あやとびは、順回旋とびと交差とびを交互に行う跳び方です。腕を胸と腰の間の前方で交差させて、なわを回旋させ、次に交差をといて元に戻し、腕を閉じたり、開いたりして跳びます。腕を交差するときと、その交差をとくときにできる「あや」が、ちょうど「あや」を織るように見えることから、名づけられたものです。交差とびと同じように、腕の交差は肘が重なるくらいに深くすることと、交差して跳んだ後、手首を柔らかく使いながら、腕をすばやく開くことがポイントです。

2）あやとび（F）

3） 側振交差とび（側振あや、前方片手交差とび、サイドクロス）（F）

　後方からきたなわを片手だけ腕を開いて、身体の横でなわを一度空回しして、次に開いた腕を重ねて、交差して跳ぶ方法です。前回しのときは、交差した下の腕を開いて上に重ね、後ろ回しでは、上の腕を下に持っていきます。

　練習の方法は、身体の前で腕を交差させてなわを持ち、下側の手を斜め下後方に強く引くようにしてなわを振り、すぐに斜め前上方に強く振り上げて輪を作ります。この輪が正面にできるようになるまで、くり返し練習します。跳躍するタイミングは、なわを側振しているときは跳ばず、交差したときに跳ぶようにします。

3）側振交差とび〈側振あや、前方片手交差とび、サイドクロス〉（F）

4） 2重あやとび（はやぶさ、速あや）（F）

　跳躍して着地するまでの間に、初めの1回旋目は腕を開いて順回旋で跳び、2回旋目は腕を深く交差させて跳びます。つまり、1跳躍であやとびをを行うことになります。跳躍となわの回旋のリズムは2重とびと同じですが、腕の動作はなわの回旋の速度を十分につけ、引き込みを強くしてあやを作ります。また、腕を開くときには、手首の動きを小さくすることです。腕は身体の前で8の字を描くようにし、とくに腕の交差をすばやくするようにしましょう。交差した腕の位置が、次第に上の方に上がっていかないようにします。

5） 速側振交差とび（速側振あや）（F）

　腕の動きの軌跡は側振交差とびのときと同じですが、跳躍のタイミングと腕の動きが1跳躍2回旋の動きになります。つまり、側振をしながら跳躍をし、そのまま正面交差とびを行う跳び方です。側振をした後なので、なわが左右に揺れやすいのですが、できるだけ正面から回旋が行われるようにします。

6） 背面交差とび（後ろ交差とび）（F）

　前方回旋で1回跳んだ後、直ちに腕を背面交差させて跳ぶ跳び方です。その際、なわを跳んだ後、できるだけ早く後ろで腕を交差します。交差したあと手首で、なわを回すようにします。後ろでの交差は、前での交差よりやりにくいことと、手首を回しにくい点で、たいへんむずかしい跳び方だと言えますが、肩関節をはじめとした関節の可動性が高い人はもちろんのこと、筋力が弱い小学生でも十分こなすことができます。

7） 背面あやとび（後ろあや）（F）

　前方あやとびを背面で行うものです。この技は前方順とびと背面交差とびを交互に行いながら跳ぶ跳び方です。前方回旋の場合、背面で交差させることは大変むずかしく、なわが足もとを通過すると同時に、直ちに背面で腕を交差させるようにします。また、背面交差で跳んだ後、ただちに前方順とびの動作に入ります。

　この技も筋力が弱く、関節の可動性の高い小学生の時期に取り組ませるとおもしろいと思います。

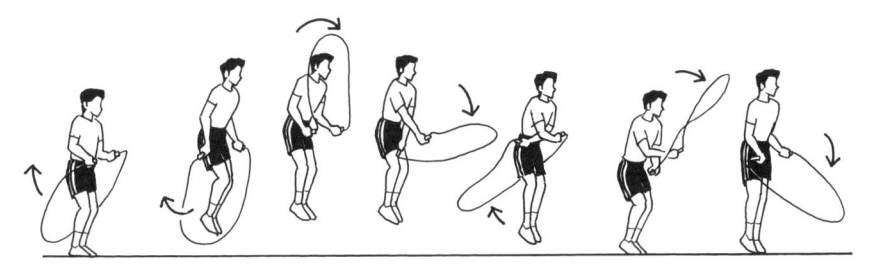

•第1章 なわとびの行い方と指導　15

4）2重あやとび〈はやぶさ、速あや〉（F）

5）速側振交差とび〈速側振あや〉（F）

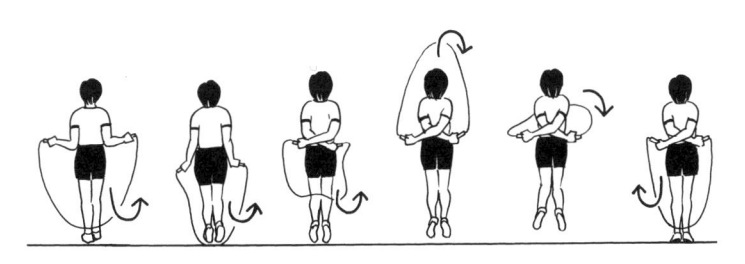

6）背面交差とび〈後ろ交差とび〉（F）

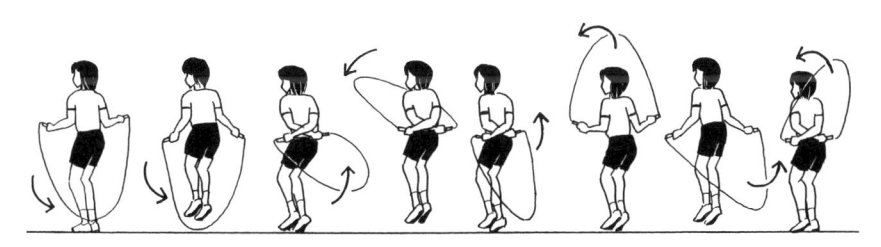

7）背面あやとび〈後ろあや〉（F）

8) 背面側振交差とび（後ろ側振あや）（F）

　前方に、左右どちらか一方の背面側振を行った後、腕を背面で交差して跳ぶ跳び方です。左体側の側振を行う場合、はじめに右腕を背中にして左腕を左体側で振って側振を行います。その後なわが足もとを通過したら、左腕を背面にある右腕の下に交差させ、背面交差とびを行います。右側も同様です。慣れない動作なので、くり返し練習するようにしましょう。

9) 背面2重あやとび（後ろ速あや）（F）

　2重あやとびを背面で行うものです。この技は、前方順とびと背面交差とびを1跳躍中に行う跳び方です。つまり、1跳躍2回旋のリズムで行うため、背面での腕の交差と手首の回転をすばやく行うことが大切です。

10) 側振前後交差とび（F）

　側振を行った後、前後交差で跳ぶ跳び方です。右体側の側振を行った後、左手はそのまま身体の正面に残し、外側でなわを振った右腕を背面に持っていき、左手のグリップは正面右体側、右手のグリップは背面左体側の位置に持っていきます。その際、グリップをできるだけ外側に突き出し、しっかりとした輪を作ります。このときのポイントは、背面左体側に置かれた右手のスムーズな動きが大切です。

11) かえし技（F）

　なわが中央に上がったとき、右手を左手に揃え、左斜め下に振り下ろします。ここでなわは、左足横で地面をたたき、右手は左肩から頭上を通り、手の握りを内側に向けながら下から上に回旋させ、左手は甲を腰の後ろに向けて手首を返します。なわが左から頭の上を通って右側にきたとき、右手を後ろ回しの要領で後ろから回します。次に、右足後方で地面をたたき、なわが頭上に上がったとき両手を開きます。そして、右横振りから右手を後ろに回し、左手は右肩前から頭上を通って左体側へ、右手は後ろから右側に戻してなわを回します。この動きは側振系の跳び方の基本になりますので、導入時にしっかりと身につけておいてください。

12) かえし技（B）

　前方回旋のかえし技と要領は同じです。なわが前から中央に上がったとき、右手を左腰の後ろに回して揃えると、なわは左足横で地面にあたり、左手は頭

•第1章 なわとびの行い方と指導　17

8）背面側振交差とび〈後ろ側振あや〉（F）

9）背面2重あやとび〈後ろ速あや、はやぶさ〉（F）

10）側振前後交差とび（F）

11）かえし技（F）

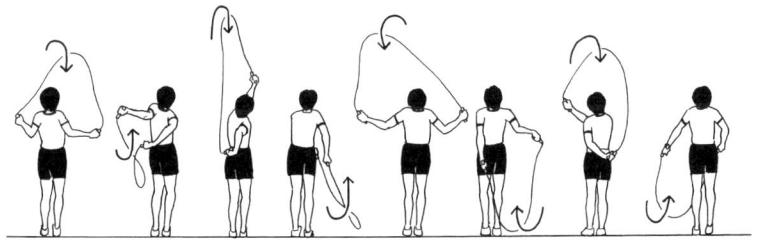

12）かえし技（B）

上を通って右手を返します。そして、なわが頭上を通って右側にきたとき、右足横で地面をたたいて、両手を頭上で開きます。次に腕の動作を反対にします。左手を右腰の後ろに回し、なわは右足横で地面をたたきます。右手が頭上を通る間に左手を返すと、なわは頭上を通って左足横で地面をたたき、両手を頭上で開きます。

④いろいろな足の動作（足型）による跳び方
1） 両足とび
　すべての技の基本となるのが、両足とびです。軽く両膝を曲げてから、つま先で地面をポンと蹴って跳び上がります。空中では、両膝がよく伸びているのが美しい跳び方です。踵をつけて、足裏全体で跳躍することは膝だけでなく身体全体へのショックも大きいので避けたいものです。また、極端に後傾する姿勢をとらないようにします。跳躍はつま先で軽快に行います。
2） 前後開脚両足とび、左右開脚両足とび
　両脚（足）を前後に開き、同時に踏み切って跳ぶのが前後開脚両足とびです。また、両足を左右に開き、同時に踏み切って跳ぶのが左右開脚両足とびです。
3） 片足とび
　両足とびと同じ要領で、片足で連続して跳ぶ跳び方です。膝を曲げた方の足は、軽く上げたまま、地面に着かないようにします。そして、跳躍する足の内側に、曲げた方の足を軽くつけるようにすると安定します。片足で立つためには、基本姿勢が崩れないことが大切です。なお、跳びやすい利き足だけで跳ぶ

１）両足とび 　　２）前後開脚両足とび 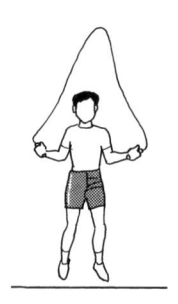　　左右開脚両足とび 　　３）片足とび

のではなく、反対足でも同じ回数を跳ぶようにしてください。

4） 踏みかえとび
　片足で2回跳び（1回旋2跳躍）、次に足をかえて2回跳躍する跳び方です。跳ばない方の足は軽く脚を上げておき、すぐ踏みかえられるようにします。トン・トンと片足ずつ軽快に跳んでください。

5） もも上げとび
　跳び方は、踏みかえとびの要領と同じです。1回旋2跳躍では、片足で2回跳んで足を踏みかえますが、その際、反対足のももを水平まで高く上げます。美しいフォームで跳ぶためには、踏み切り脚の足首をまっぐに伸ばすようにします。

6） 足たたきとび
　高く跳び上がり、空中で両足の内側をポンとたたいて下りる跳び方です。

7） かけ足とび
　その場でのかけ足で跳ぶ跳び方です。ランニングと同じ動作ですから、自然でバランスがとりやすいために長く跳び続けることができます。

8） 片足前出しとび
　両足で一度跳び、次の跳躍のときに、片足を前に出してつま先を着く跳び方です。

4）踏みかえとび　　5）もも上げとび

6）足たたきとび　　7）かけ足とび　　8）片足前出しとび

9) 片足横出しとび

両足で一度跳び、次の跳躍のときに、片足を横に出してつま先を着く跳び方です。

10) 片足前とび

左右いずれかの足を一足長ぐらい前に出し、前足と後ろ足の間を開けて、なわが足もとを通るときに、またぐようにして跳ぶ跳び方です。この跳び方は、足が前後に開いているため、上体が前に傾きやすいので、注意してください。両足とびの1回旋2跳躍から片足前とびに移るようにすると、容易にできるようになります。右足前と左足前のどちらでもできるようにしましょう。

11) 前後開閉とび

はじめに両足跳びを行い、次に足を前後に開いて跳び、再び足を閉じて両足とびをした後、先ほどと逆の足を前に出して跳ぶ跳び方です。足を前後したとき、前足の方に重心をかけるようにするとよいでしょう。

12) 左右開閉とび

はじめに両足とびをして、次に両足を左右に開いて跳び、再び両足を閉じて跳んだ後、また両足を開いて跳ぶ跳び方です。前後開閉とびと違って注意しな

9) 片足横出しとび　　10) 片足前とび

11) 前後開閉とび　　12) 左右開閉とび

ければならないのは、左右に開くときのタイミングが合わないと、開いた足になわを引っかけて失敗することです。足を左右に開くタイミングは、なわが足もとを通過してから行うようにし、開いた足が揃ったときに跳ぶようにします。

13) 左右交差開閉とび

足を左右に開いて跳び、次に足を交差して（右足先を左側、左足先を右側になるように着地）跳ぶ跳び方です。開脚で跳んだとき、空中で足をクロスさせながら着地します。

14) 前後左右開閉とび

前後開閉とびと左右開閉とびを組み合わせた跳び方です。両足とび→右足前とび→両足とび→左足前とび→両足とび→左右開脚とび→両足とびの順で連続して跳びます。はじめは、ゆっくりしたテンポの1回旋2跳躍で、順序とコツを十分につかんでから、1回旋1跳躍の速いテンポでも跳べるように進めると良いでしょう。1つの動作の間に両足とびを入れるので、足を前後するとき、上体が斜めにならないように注意してください。

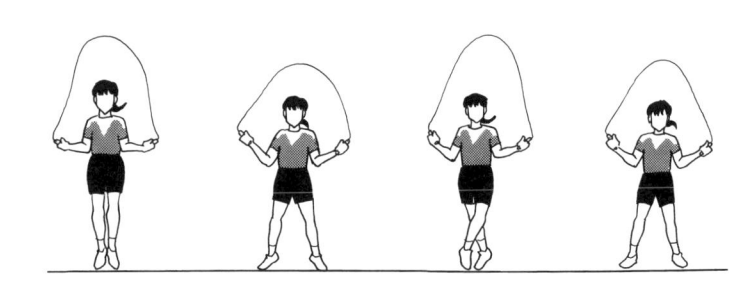

13) 左右交差開閉とび

14) 前後左右開閉とび

15) 前後左右交差開閉とび

　前後開閉とびと左右交差開閉とびを組み合わせた跳び方です。両足とび→右足前とび→両足とび→左足前とび→両足とび→左右開脚とび→交差とびの順で跳びますが、先の前後左右開閉とびと同じように、1回旋2跳躍から1回旋1跳躍へと進めると良いでしょう。ちょっとむずかしくなりますが、左右開脚とびの前に、交差とびを入れて跳ぶ跳び方もあります。足の左右交差をしやすくするためには、親指側ではなく小指側から着地すると良いでしょう。こうすると、姿勢も安定してフォームも美しく見えます。

16) 前振りとび（脚前振とび）

　なわが足もとを通るときに、片足で跳びながら反対足の膝下を後ろに振り、なわが上に上がったときに、もう一度跳びながら、後ろに振った反対足の膝下を前方に振り出します。同じように、次のなわが足もとを通るときに、反対足にかえると同時に他方の膝下を後ろに振り、なわが上に行ったときにもう一度跳んで、後ろに振った膝下を前方に振り出します（1回旋2跳躍）。また、跳ぶ度になわが足もとを通るのが、1回旋1跳躍の前振りとびです。練習としては、なわを持たないで、片足で跳び、反対足を後ろから前に振る方法が効果的です。片足ずつ別々にできるようになったら、後ろ→前→スイッチして後ろ→前と跳んで、足の入れかえのタイミングを覚えます。足の動作ができるように

15) 前後左右交差開閉とび

16) 前振りとび

なったら、なわをゆっくり回しながら、1回旋2跳躍で跳んでみてください。

17) 前振り両足とび（脚前振両足とび）

　前振りとびと両足とびを組み合わせて跳ぶ跳び方です。前振りとびをして、間に両足とびを入れ、次に反対足の前振りとびをします。つまり、後ろ→前→両足→後ろ→前→両足とくり返すことになります。1回旋2跳躍の場合は、なわが1回旋する間に片足を後ろから前へ振り、次の1回旋のとき両足で2回跳び、さらに次の1回旋で、反対足を後ろから前へ振ります。前振りとびの間に両足とびを入れるだけですが、よくこれを忘れがちなので注意してください。1回旋1跳躍の場合は、跳躍する度になわが足もとを通るので、後ろ→前→両足と、1・2・3、1・2・3と、なわとびとしては珍しい3拍子のリズムで、楽しくまた気持ちよく跳んでください。

18) 側振とび（脚側振とび）

　片足でなわを跳びながら、反対足を横に振り出します。続いて、横に振り出した足はそのままにしてもう一度同じ足で軽く跳躍します（1回旋2跳躍）。なわが足もとにきたとき、横に振り出した足を元にもどして着地させながら、反対足を横に振り出してこれを連続させます。また、テンポを早くして、跳躍のたびに側振した足をかえる方法もあります（1回旋1跳躍）。この跳び方では足を横に振り出しますから、なわが足もとを通るときによく引っかけて失敗します。そこで、足を横に開く直前になわが足もとを通るように、タイミング

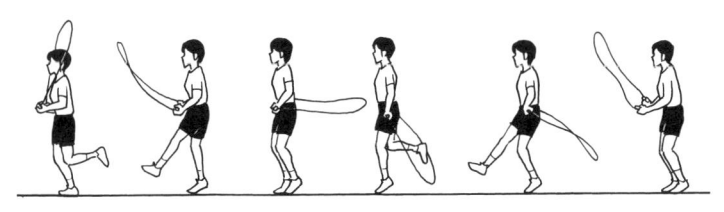

17) 前振り両足とび

18) 脚側振とび

を合わせるのがポイントとなります。なわを足に引っかけることを心配して、膝を曲げて跳んだり、跳んでから膝を伸ばすような跳び方をしがちですが、それは間違いです。大切なことは、足を開くタイミングをしっかりと身につけることです。また、足を横に振り出したとき、反対側に上体が傾いてしまう人がいます。これでは上体が左右に大きく揺れて、なわの形が壊れたり、身体のバランスを崩したりして失敗しますから、上体は必ずまっすぐにして、足だけが左右に振れるように心がけてください。

(3) 短なわとびの跳び方

短なわとびの技の広がり（バリエーション）は、跳躍中のなわの回旋数、腕の変化、そして足の変化の組み合わせによって構成されています。そこで、その基本となる技について（今まで解説したものは除きます。腕の変化のところでは前方回旋〈F〉について説明しました）解説し、重複する跳び方については、B（後方回旋）を取り上げて説明しておくことにします。

1） 両足とび（B）

後方回旋とびの基本となる跳び方です。前方回旋と同様に、肘を身体に軽くつけて、グリップを握った手が前方に出過ぎないようにしてなわを回します。最初は腕を大きく回す傾向がありますが、練習を続けていくうちに、手首を中心にして回すことができるようになります。慣れてくると、後方回旋とびの方が回しやすいと言う人も出てきます。なわとびをするときは、前方回旋とびと後方回旋とびを、同じぐらい時間をかけて取り組んでください。

1） 両足とび（B）

2） かけ足とび（F、B）

　両足とびに次いで、腕の使い方の変化となわの回旋数との組み合わせで多くのバリエーションが考えられるのが、このかけ足とびです。その場かけ足とびと、前進しながら跳んでいく2つの跳び方があります。本項では連続技を想定していますので、その場かけ足とびを取り上げます。この技は簡単そうに見えますが、片足交互に跳びますので、左右に身体が揺れバランスを崩しやすくなります。跳躍は、つま先およびつま先に近い部分で行います。3回旋以上のかけ足とびの場合は、つま先では自分の体重を支えきれませんので、足裏全体で跳ぶようにすると良いでしょう。

3） あやとび（B）

　後方順回旋と後方交差とびを交互に行う跳び方です。後方回旋ではどの跳び方でも同様に、腕が身体から前方に出ていく傾向がありますので、そのようにならないように気をつけてください。そして、できるだけコンパクトに手首でなわを回すように心がけてください。交差が入る技では、多少長めのなわを使うと良いでしょう。

2）かけ足とび（F）　　　　　　　　かけ足とび（B）

3）あやとび（B）

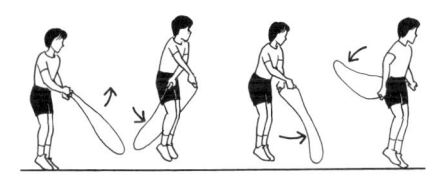

4） 側振交差とび（側振あや、後方片手交差、サイドクロス）（B）

　前に垂らしたなわを左右どちらかの体側（たいそく）に振って始めます。片方の腕を開いて横後方で側振回旋させ（反対側の腕も同じ方向に移動させる）、開いた腕を反対側の腕の下に持っていきます。そして、両腕を交差させた状態でなわを後方回旋させていき、跳び越えます。左右とも同じように行います。

　練習では、腕を交差して身体の前でなわを持ち、上側の手を斜め上後方に引くようにしてなわを振り、直ちに足もとにたたきつけるようにします。その際、手を反対側の手の下に合わせるように持っていき輪をつくります。この輪が身体の正面にできるようにくり返してください。

5） 交差とび（B）、背面交差とび（後ろ交差とび）（B）

　なわを後方回旋させながら腕を身体の前、または身体の後ろで交差させたまま跳ぶ跳び方です。腕を交差させて後方回旋でとび続けているうちに、腕が少しずつ前方に出ていくと、交差によってつくられた輪が、小さくなり跳びにくくなってしまいます。交差した腕は、身体からあまり離さないように気をつけ、手首を柔らかく使ってなわを回すようにしてください。また、背面交差とび（B）は、後方回旋とびから後ろ交差に入るタイミング（なわが頭上を通過した後、すばやく腕を交差させて輪をつくる）をくり返し練習してください。ポイントは、腕の交差のし方と手首の使い方です。

6） 側振前後交差とび（後ろ側振前後交差とび）（B）

　前方回旋の側振前後交差と同じ要領ですが、なわを後方回旋させながら行うために、むずかしい跳び方となっています。なわが前方から頭上に上がったとき、右手を背面から左体側の腰の位置まで持っていきます。左手は、側振を誘導しながら前から後ろへ回旋させたなわを床に強めにたたきつけるようにして、前方から右体側の腰の位置に持っていき、後方への前後交差とびにつなげるようにします。左右同じように行います。

4）側振交差とび〈側振あや、後方片手交差とび、サイドクロス〉（B）

5）交差とび（B）　　　　　　　背面交差とび〈後ろ交差とび〉（B）

6）側振前後交差とび〈後ろ側振前後交差とび〉（B）

7） かけ足あやとび（F）

片足ずつ交互にあやとびを行う跳び方です。片足であったり、手を閉じたり開いたりする動作は、身体のバランスを崩しやすくします。軽く脇をしめて手首を使ってなわを回すことと、足の接地時間を短くして、リズミカルに行うことが大切です。

8） かけ足交差とび（F）

腕を交差したまま、かけ足とびを行う跳び方です。この跳び方は、とても窮屈に感じられますが、できるだけ力まないように心がけ、うまくバランスをとってリズミカルに行ってください。

9） 2重・交差とび（2回旋1回旋あや）（F、B）

2重とびと交差とびを交互に行う跳び方です。2回旋1跳躍と1回旋1跳躍を交互に行うために、リズム（トーン・トン・トーン・トン）がとりにくいのですが、2重とびと交差とびのつなぎは、あまり高く跳ばないで軽く跳ぶようにしてください。

10） 2重とび（2回旋）（B）

後方回旋で2重とびを行う跳び方です。最初は後方1回旋とびの練習から始めると良いでしょう。1回旋とびでリズムに乗ったときに、その勢いで2回旋とびを行ってみてください。その際、大切なことは、なわをすばやく回すことで、このためには肩や肘から大きく回さないように気をつけ、肘が脇腹に軽く触れるように引きしめて、手首を中心になわを回すことが重要なポイントとなります。

7）かけ足あやとび（F）

8）かけ足交差とび（F）

9）2重・交差とび〈2回旋1回旋あや〉（F）

2重・交差とび〈2回旋1回旋あや〉（B）

10）2重とび〈2回旋〉（B）

11) 両足・交差2重とび（1回旋2回旋あや）（F、B）

順回旋の1回旋とびと交差2回旋とびを交互に行う跳び方です。この跳び方も、リズム（トン・トーン・トン・トーン）をとるのに慣れることが大切です。

12) 速側振交差とび（速側振あや）（B）

左右どちらかの体側の横後方になわを側振すると同時に、跳躍をして側振交差とびを行う跳び方です。タイミングとしては、2重とびと同じです。交差して上になっている手を、側振後いかにタイミング良く反対の手の下に持ってい

11) 両足・交差2重とび〈1回旋2回旋あや〉（F）

両足・交差2重とび〈1回旋2回旋あや〉（B）

12) 速側振交差とび〈速側振あや〉（B）

き、交差が作れるかどうかがポイントとなります。

13) 2重・交差2重とび（2回旋2回旋あや）（F）

　2重とびと交差2重とびを交互に行う跳び方です。切りかえをすばやくすることが大切です。交差した手があまりに深過ぎると、切りかえがスムーズにいかず、バランスを崩すことになります。リズムとしては2つの跳び方とも同じですので、それぞれの技ができるようになったら、この跳び方に挑戦してみると良いでしょう。順序を入れかえて、交差2重・2重とびで行うのも良いでしょう。

14) かけ足2重とび（かけ足2回旋）（F、B）

　片足ずつ左右交互に2重とびを行う跳び方です。かなり脚力を必要とする跳び方ですが、あまり跳び上がらなくても、タイミングよく跳ぶことによって十分に行えます。1回毎の跳躍のときに、身体が左右に大きく揺れやすいので、十分に気をつけてください。

13) 2重・交差2重とび〈2回旋2回旋あや〉（F）

2重・交差2重とび〈2回旋2回旋あや〉（B）

14) かけ足2重とび〈かけ足2回旋〉（F）

15) 交差2重とび（交差2回旋）（F、B）

　腕を交差させたままで、2重とびを行う跳び方です。腕を交差してなわを2回旋させるので、左右のなわの回転速度に違いが出てくることもあり、バランスを崩すことがあります。また、連続して跳躍しているうちに、グリップを握っている手が上方に上がっていくこともありますので、できるだけ腰の位置でグリップを回旋させるよう心がけてください。さらに、後方回旋では跳躍している間に身体が後傾し、腕が身体の前方に出ていくことがありますので、正しい姿勢を保つように心がけましょう。

16) 2重あやとび（はやぶさ、速あや）（B）

　順回旋とびと交差とびを1跳躍中に行う跳び方です。また交差とび、順回旋とびの順に行ってもかまいません。腕の交差は手首のスナップを利かせて、なわを後ろから前に一気に引き出すようにすばやく行います。人によっては、後方回旋の方が手首を柔らかく使えますから、積極的に取り組んでみてください。

17) 速側振前後交差とび（F）

　側振前後交差とびのときは、側振の動作が終了してから、前後交差とびをするために跳躍をしましたが、この跳び方では、側振が始まったら跳び始め、引き続き前後交差とびを行うようにします。できるだけ身体の正面から跳ぶのが理想ですが、多少斜めからの回旋のほうが跳びやすいかもしれません。側振は左右交互に行い、2重とびのリズムで跳びます。

18) 速側振交差2重とび（速側振2回旋）（F）

　側振と同時に跳躍をして、直ちに交差2重とびを行う跳び方です。この跳び方は、側振交差とびを発展させたもので、前方3重とびの要領でなわを回します。側振は、左右交互に行います。側振の後の交差2回旋は、できるだけ真正面から入るようにします。練習では速側振交差とびを数回した後に、その勢いで交差2回旋を試してみてください。

•第1章　なわとびの行い方と指導　33

15) 交差2重とび〈交差2回旋〉（F）（B）

16) 2重あやとび〈はやぶさ・速あや〉（B）

17) 速側振前後交差とび（F）

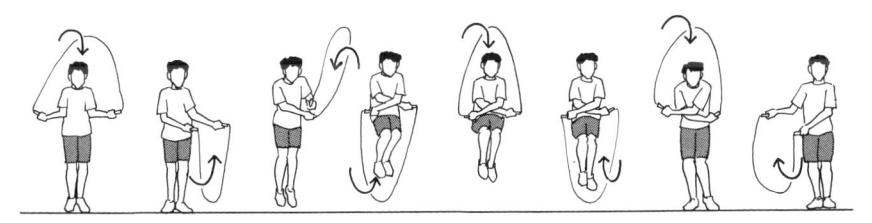

18) 速側振交差2重とび〈速側振2回旋〉（F）

19) 速側振2重あやとび（速側振速あや）（F）

　側振と同時に、2重あやとびを左右交互に行う跳び方です。速側振交差2重とびと同様、3重とびの要領で行います。この跳び方も、なわを側振すると同時に跳躍をして、直ちに2重あやとびを行います。この2重あやとびは、1跳躍中に交差とび・順回旋の順で行います。左右の側振に加えて、その間に2重あやとびを行うために、瞬時にすばやい手の動きが要求される、大変高度な跳び方となっています。

20) 3重とび（3回旋）（F、B）

　1跳躍中、なわを3回旋させる跳び方です。脚力がついて、2重とびが20〜30回連続して跳べるようになると、3重とびができるようになります。練習方法としては、2重とびを4〜5回跳んだ後に、その勢いで3重とびを試みるようにします。多回旋技に挑戦するときは、なわは短め（長さは床に触れる部分を足で踏みつけて、グリップが腰の位置）にします。

21) 3重あや、順・順・交とび（速あや3回旋、順・順・交）（F）

　3回旋1跳躍を順・順・交（順回旋・順回旋・交差回旋）で行う跳び方です。この跳び方は、2重あやとびを発展させたもので、特に脚力となわの回旋スピードが要求されます。3重とびが連続して4〜5回できるようになった人は、ぜひとも挑戦してみてください。

22) 3重あや、順・交・交とび（速あや3回旋、順・交・交）（F）

　3回旋1跳躍を順・交・交（順回旋・交差回旋・交差回旋）で行う跳び方です。脚力となわの回旋スピードに加えて、手首を柔らかく使い、きれのあるなわの回転を生むことが要求されます。

23) 3重あや、順・交・順とび（速あや3回旋、順・交・順）（F）

　3回旋1跳躍を順・交・順（順回旋・交差回旋・順回旋）で行う跳び方です。3重あやとびの中で、最もむずかしい跳び方です。順・交・交とびを行うとき以上に手首を柔らかく使って、交差の切りかえをスムーズに行い、きれのあるなわの回転を引き出すことが要求されます。

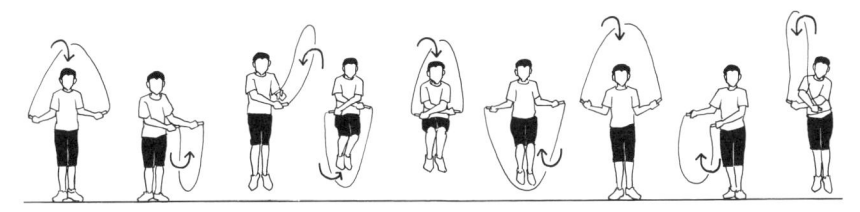

●第1章 なわとびの行い方と指導　35

19）速側振2重あやとび〈速側振速あや〉（F）

20）3重とび〈3回旋〉（B）

21）3重あや順・順・交とび〈速あや3回旋、順・順・交〉（F）

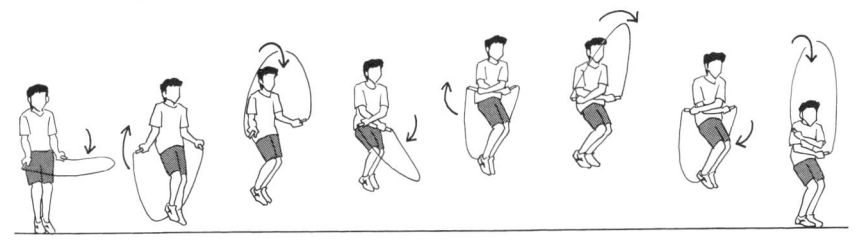

22）3重あや順・交・交とび〈速あや3回旋、順・交・交〉（F）

23）3重あや順・交・順とび〈速あや3回旋、順・交・順〉（F）

24) 3重・交差3重とび（3回旋・3回旋あや）（F）

3重とびと交差3重とびを交互に行う跳び方です。3重とびから交差3重とびになるときに、手首を逆向きにして回旋させることになります。その切りかえをいかにスムーズに行うかがポイントになります。

25) 交差3重とび（交差3回旋）（F）

3回旋1跳躍で交差とびを行う跳び方です。腕を交差することによって、手首を逆向きにして回旋させることになりますので、それに慣れることが必要になります。後方回旋とびが得意の人は、取り組みやすいと思われますので、積極的に試みてください。

26) かけ足3重とび（かけ足3回旋）（F）

脚力が最も必要とされる跳び方です。片足ずつ交互に3回旋1跳躍とびを行います。着地ではつま先だけで自分の体重を支えることはむずかしいので、足裏全体で身体を支えて跳ぶようにします。

27) 速側振前後交差2重とび（F）

左右どちらかへの側振と同時に跳躍をし、前後交差で2重とびを行う3回旋技の跳び方です。速側振前後交差とびが数回できるようになったら、この跳び方にも挑戦してみてください。

28) 速側振前後交差前あやとび（速側振前後交差順回旋）（F）

左右どちらかへの側振と同時に跳躍をし、その後2回旋1跳躍で、前後交差とびから順回旋とびを続けて行う3回旋技の跳び方です。1跳躍中に側振、前後交差、あやとびを行う大変むずかしい跳び方です。

24) 3重・交差3重とび〈3回旋・3回旋あや〉（F）

● 第1章 なわとびの行い方と指導　37

25) 交差3重とび〈交差3回旋〉(F)

26) かけ足3重とび〈かけ足3回旋〉(F)

27) 速側振前後交差2重とび (F)

28) 速側振前後交差前あやとび〈速側振前後交差順回旋〉(F)

29) 4重・交差4重とび（4回旋・4回旋あや）（F）

　4重とびと交差4重とびを交互に行う跳び方です。最もむずかしい跳び方の1つです。より速いなわの回転と、強い跳躍力が要求されます。

30) 両（片）速側振交差とび（両速側振あや）（F）

　両速側振交差とびは、左右どちらかへの側振と同時に跳躍をし、その後1跳躍中に交差とび、連続して反対側の側振とびと交差とびを行う4回旋技の跳び方です。つまり、速側振交差とびを、1跳躍中に左右とも行うということになります。片速側振交差とびは、左右どちらかへの側振と同時に跳躍をし、その後1跳躍中に、連続して同じ体側の側振交差を行う跳び方です。

31) 3重・交差2重とび（3回旋・交差2回旋）（F）

　3重とびと交差2重とびを交互に行う跳び方です。3回旋と2回旋ではリズムが異なるので、タイミングをとるのに慣れることが大切です。

32) 2重・交差3重とび（2回旋・交差3回旋）（F）

　先の31)の跳び方とは逆で、2重とびを先に行い、次に交差3重とびを行う跳び方です。この様な組み合せ方を取り入れることによって、数多くの技をつくり出すことができます。

29) 4重・交差4重とび〈4回旋・4回旋あや〉（F）

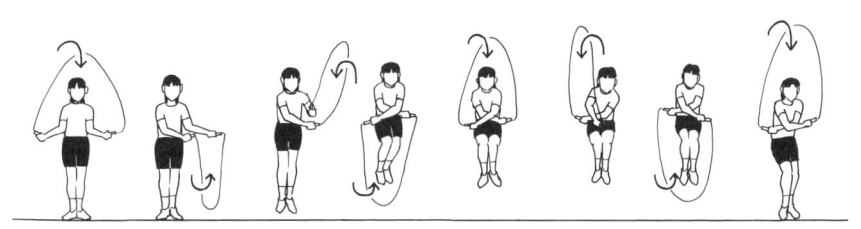

30) 両速側振交差とび〈両速側振あや〉（F）

31) 3重・交差2重とび（F）

32) 2重・交差3重とび〈2回旋交差3回旋〉（F）

33) 回転とび（F）

　回転とびとは、両足とびや片足前とび、かけ足とびを行いながら、360度回る跳び方です。基本的には何回跳んで回っても良いのですが、4回で回ると、機敏な動作が要求されます。また、回りながらの跳躍ですので、なわが足にからみやすくなりますので注意してください。

33) 回転とび（F）

(4) 短なわの団体とびの跳び方

　団体とびとは、2人以上で1本または数本のなわを使って、一緒に跳んだり、または交互に跳ぶ方法です。友達などグループで跳ぶときには、1人で跳ぶのとは違った楽しさがあります。反面、みんなで協力し合わないと、なかなかうまく跳べないむずかしさがあります。なわは短なわよりも少し長め（中なわ＝なわを片足で踏んで、肩ぐらいの長さ）のものを使います。

　団体とびには、①1人で回して2人もしくは3人が一緒に跳ぶ跳び方、②2人で回して2人で一緒にまたは交互に跳ぶ跳び方、③3人以上で跳ぶ跳び方があります。

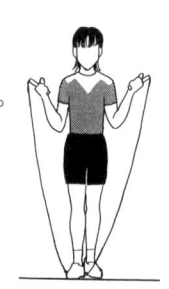

中なわ

　なわを回す人は、中に入る人が跳びやすいように、手首や肘または肩で調節しながら大きく回します。最初から中に入って跳び始めるのと、なわを回している人の所へ入って跳ぶ方法があります。

①1人で回して2人または3人で跳ぶ方法
1) 向かい合いとび　　2) 前ならびとび

なわを回している人と向かい合って跳ぶ跳び方1)と、同じ方向を向いて跳ぶ跳び方2)があります。回し手は、相手を見ながらなわを回せるので、タイミングはとりやすいです。

3) 後ろならびとび

回し手の後ろに入り、回し手と同じ方向を向いて跳ぶ跳び方です。回し手は相手が見えないので、前ならびよりタイミングのとり方がむずかしくなります。そこで、後ろの人が合図を送るなどして、連係をとることが必要です。

4) なわの受け渡しとび

後ろならびとびで、後ろの人が前の回し手のなわを受け取り、交代して回す跳び方です。なわが足もとを通って上に上がったときに、後ろの人が回し手の手を後ろから握るようにしてなわを取ります。

5) 横向きとび

回し手の左または右の方を向いて跳ぶ跳び方です。横向きになって、回し手の前でも後ろでも入れますし、同時に2人が前後に入って、3人で跳ぶこともできます。

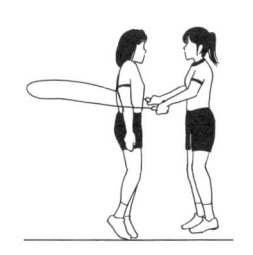

1) 向かい合いとび

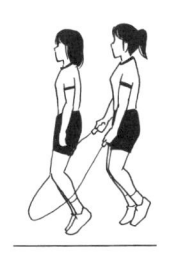

2) 前ならびとび

3) 後ろならびとび

4) なわの受け渡しとび

5) 横むきとび

6） 前後移動とび

　なわを回している人の前に向かい合うように入り、回し手の横（脇の下）をくぐって、前から後ろ、後ろから前へ移動する跳び方です。この跳び方には、回し手の前に入り、一度なわの外に出てチャンスをみて回し手の後ろに入る場合と、少し上達してきたら、なわの外に出てすぐに後ろに回ってきたなわを跳びながら、回し手の後ろに入る跳び方もあります。2人の呼吸を合わせ、何回跳んだら移動するかを決めておき、声をかけ合ってうまくタイミングをとるようにすると良いでしょう。また、前→後ろ、後ろ→前と空回しを入れずに移動する場合（跳び方）があります。回し手が腕を高く上げて回すと、移動する人が小回りに動ける上に、なわがゆっくりと回りますから上手く行えます。この際、敏捷に移動するためには、ツーステップ移動することと、回し手の真後ろ（真ん前）に入るよう思いきり踏み込むことが大切です。さらに、回し手の前後に2人が入って3人で跳び、同時に前後に移動する跳び方もあります。この場合は、2人でタイミングを合わせることと、移動するとき、回し手は大きくゆっくりなわを回し、跳び手はすばやく移動するようにします。

6） 前後移動とび

② 2人で回して2人で跳ぶ方法
1） 横ならびとび

　2人が横にならんで、それぞれ外側の手でなわを回して一緒に跳ぶ跳び方です。2人の手の位置を同じ高さにして、呼吸を合わせて跳ぶことが大切です。

1） 横ならびとび

2) 縦ならびとび

2人が前後して縦にならび、それぞれ外側の手でなわを回して跳ぶ跳び方です。横ならびとびと同じ要領ですが、特にこの場合は、後ろの人が上手くリードすることが必要です。

3) 横ならび前後移動とび

横ならびと縦ならびとびを組み合わせた跳び方です。横ならびとびから、片方の人が跳びながら前に移動して縦ならびとびになります。後ろになった人が、今度は跳びながら横に移動して横ならびとびになります。これとは逆に、跳びながら後ろに下がって縦にならんだり、横にならんだりすることもできます。移動して完全に横にならんでから、または縦にならんでから、相手が移動するようにします。

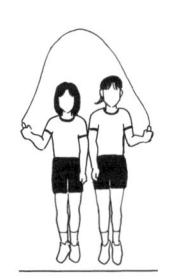

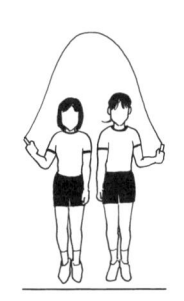

2) 縦ならびとび

3) 横ならび前後移動とび

4) 前後横ならびとび

1人は前向き、他の1人は後ろ向きで横にならび、それぞれ外側の手でなわを回して2人が一緒に跳ぶ跳び方です。1人が前回しで跳び、他の1人は後ろ回しで跳びますので、上手くリズムを合わせることが必要です。

4) 前後横ならびとび

5) 交互出入りとび

　2人で向かい合い、それぞれ片手で1本のなわを回し、1人ずつ交互に入って跳ぶ跳び方です。はじめは、前回しだけを交互に跳んで練習します。そして、慣れてきたら、空回しを入れないで交互に跳ぶようにします。次に、後ろ回しで交互に跳ぶ練習をします。これができるようになったら、前→前→後ろ→後ろと、前回しとびと後ろ回しとびを連続して行います。なお、前回しから後ろ回しに移るときには、握り手（グリップ）の持ちかえが必要ですので注意してください。

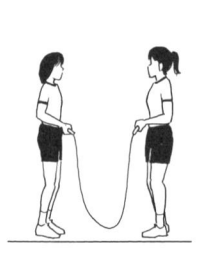

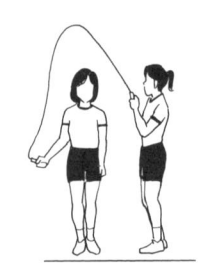

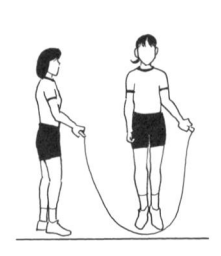

5) 交互出入りとび

③ 3人の短なわとび

1)　1人がなわを回し、その前後に入って3人で跳ぶ跳び方です。2人同時に前後に移動する方法もあります。

2)　3人が横にならんで、両側の2人が外側の手でなわを回して跳ぶ跳び方です。

3)　3人が2本のなわを持って同時に跳ぶ跳び方です。また、3人で3本のなわを持って跳ぶ跳び方もできます。

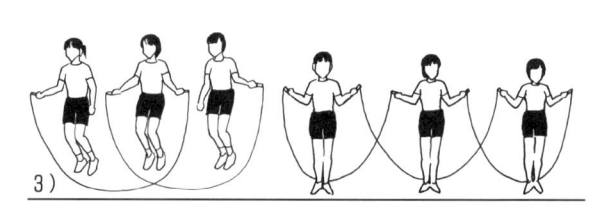

④ 4人の短なわとび

1) 4人が横にならんで、3本のなわを持って、タイミングを合わせて跳びはじめる跳び方です。

2) 4人で4本のなわを持って跳ぶ跳び方もできます。

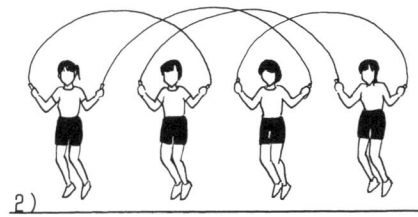

⑤ 5人の短なわとび

1) 1人がなわを回している前に2人、後ろに2人入って、縦に重なって跳ぶ跳び方です。前後に2人ずつ入りますから、長めのなわを使います。

2) 5人が横にならび、5本（4本でも良い）のなわを持って跳ぶ跳び方です。このように、横に何人でもならび、人数を増やして跳ぶことができます。

　以上、短なわとびの基本的な跳び方を紹介しましたが、1つの種目でも前回し、後ろ回し、2回旋と6通りの跳び方ができ、さらに腕の動作や足の動作を組み合わせますと、なわとびの跳び方は300種以上になります。それに、後述する長なわの中に入って、短なわとびをする跳び方を加えますと、ゆうに1000種類以上にもなります。

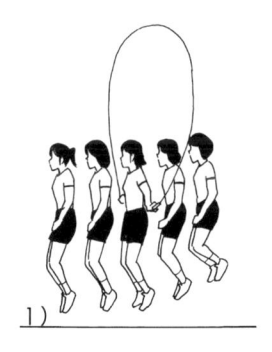

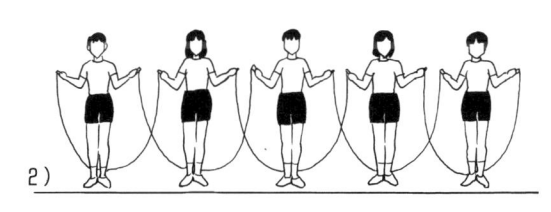

⑤ 方向変換（転換）

なわの回旋を止めないで、前方回旋とびから後方回旋とびへ、また逆に後方回旋とびから前方回旋とびへと方向を換えてつなぐことができれば、なわとびはいっそう楽しくなります。この方法を方向変換（転換）と言います。

①前方回旋とびから後方回旋とびへ

なわの回旋の方向は変えないで、身体の向きを180度回して方向をかえます。

前回し跳びで、なわが背中から頭上にきたときに、開いていた手のどちらかを一方の手に揃えて、体側で空振りをします。この空振りをしているなわを見ながら、なわの動きに合わせて、両手を揃えた方向から180度身体の向きをかえて、前方からなわが上がるときに、揃えた手を開いて後ろ跳びに入ります。

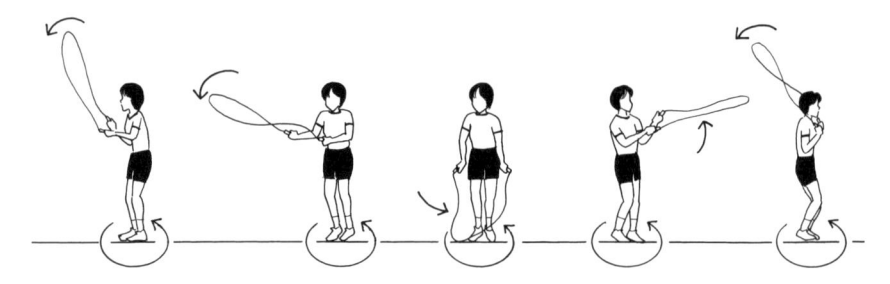

②後方回旋とびから前方回旋とびへ

後ろ回しから前回しに移るとき、前から後ろへの方向変換と同じように左右の手首を体側に揃えて、空振りしながら、身体を180度変え、上からなわが下りてくるときに、両手を開いて前回し跳びをします。特に、両手を揃えて前から後ろに回るとき、なわの回旋の早さに合わせて、前から後ろに身体の向きをかえるようにします。

③難しい方向変換

交差とびからの後方回旋のあやとび、そして後方回旋のあやとびから前方回旋の両足とびへ方向変換します。

⑹ 組み合わせ（連続）とび

なわとびには、単独技を1つ1つこなし、より高度な技に取り組んでいく楽しみもありますが、いくつかの跳び方をある程度マスターしたところで、それぞれの技をつなげ、組み合わせのおもしろさを追求していくことによって、なわとびの奥深さを実感することができます。

1つの種目（技）については4跳躍を基本にし、3～7種目ぐらいの組み合わせとします。この組み合わせの種目数は年齢、体力などを考慮して決めます。

この組み合わせ跳びの実践例を、次の第2章で紹介しますので、ここでは、基本的なものを紹介しておくことにします。

以下の1）～6）の組み合わせについては、1回旋1跳躍を基本とします。なお、跳び方（種目）の後にある記号Fは前方回旋、Bは後方回旋を表します。

1） 両足とびF→あやとびF→交差とびF（1回旋1跳躍）

　すべて前方回旋とびです。種目と種目の間は休まないようにし、またむだな動作を入れないで、連続して12跳躍（各種目4回ずつ）行います。

2） 両足とびB→あやとびB→交差とびB

　すべて後方回旋とびです。後方回旋を続けているうちに、腕や手首が身体の前方に出て行ってしまうことがあります。この場合、短めのなわを使っていると足を引っかける原因になりますので、慣れるまでは長めのなわを使うのが良いでしょう。

3） あやとびF→交差とびF→両足とびF→かけ足とびF

　前方回旋とびが4種目に増えています。1）より多少進んだ組み合せ跳びになっています。

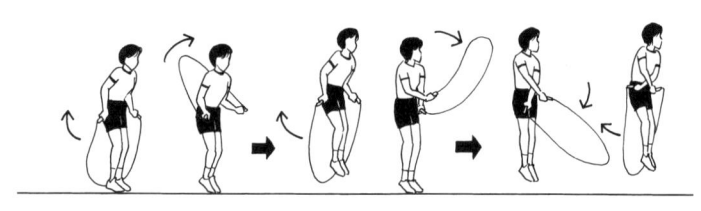

1）両足とびF→あやとびF→交差とびF

2）両足とびB→あやとびF→交差とびB

3）あやとびF→交差とびF→両足とびF→かけ足とびF

4） あやとびB→交差とびB→両足とびB→かけ足とびB

　後方回旋とびが4種目に増えています。2）より多少進んだ組み合せ跳びになっています。

5） 両足とびB→両足とびF→あやとびB→交差とびB

　後方回旋から前方回旋、前方回旋から後方回旋へと方向変換が入っています。向きをかえるときは、手の動作を大きくし、ゆっくりと回旋させるようにします。

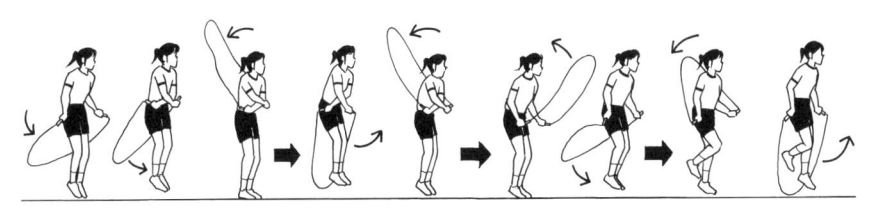

4） あやとびB→交差とびB→両足とびB→かけ足とびB

5） 両足とびB→両足とびF→あやとびB→交差とびB

6)　**側振交差とびF（前方片手交差）→交差とびF→両足とびF→あやとびB →かけ足とびF**

　種目数も増え、方向変換も入り、さらに側振交差とびと変化に富んだ組み合わせになっています。交差やあやとびのときに、なわの輪が狭くならないように、しっかりと腕を交差することが大切となります。なわは多少長めの方が良いでしょう。

6）側振交差とびF→

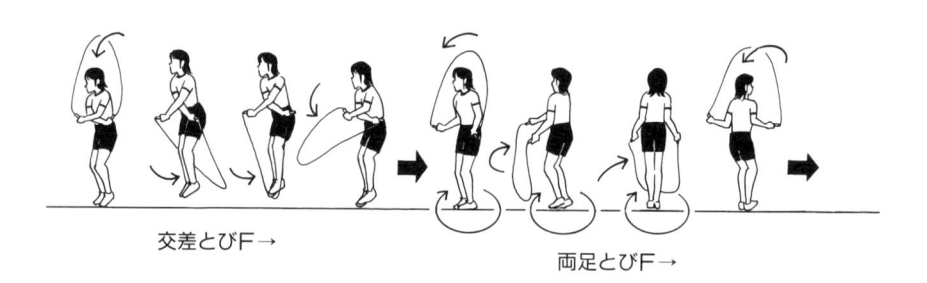

交差とびF→　　　　　　　両足とびF→

あやとびB→　　　　　　　かけ足とびF

7) 両足とびF→2重・交差とびF→あやとびF→方向変換→側振交差とび
   B（後方片手交差）→交差とびB

　2重・交差とびFは、2重とびと交差とびを交互に4跳躍行います。5種目の組み合わせですから、スタートからフィニッシュまで合計20跳躍になります。また、方向変換もむずかしいものとなっています。

7) 両足とびF→　　　　　　　　　2重・交差とびF→

あやとびF→　　　　　方向変換（F→B）→

側振交差とび（後方片手交差とび）B→

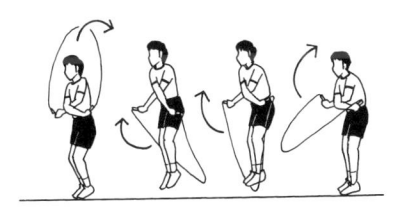

交差とびB

8) 両足とびF→片足前とびF→前後開閉とびF→前振りとびF→方向変換
→両足とびB（1回旋2跳躍）

　ゆっくりしたリズムで行います。両足とびに始まり中間は全て足型が異なった跳び方となっています。よって、なわが足に引っかかりやすいので十分注意してください。

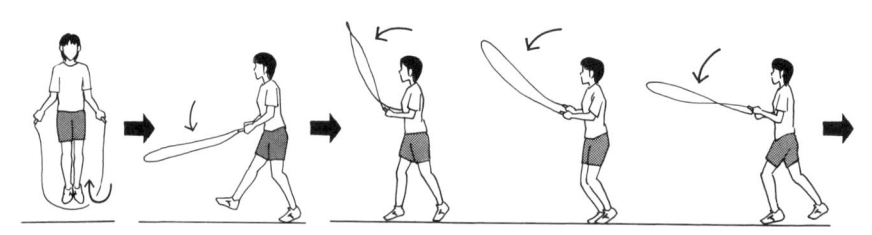

両足とびF→　　片足前とびF→　　　　　　　　　前後開閉とびF→

前振とびF→

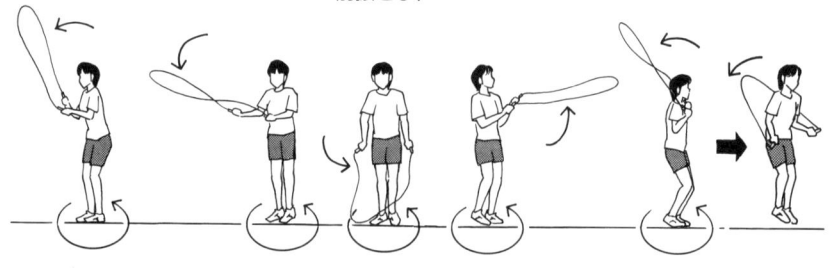

方向変換→　　　　　　　　　　　　　　　　両足とびB

9) 側振交差とびF（前方片手交差）→方向変換→片足前とびB→側振交差
とびB（後方片手交差）→前振りとびB→交差とびB→方向変換→2重と
びF（2重とび以外は1回旋2跳躍）

　片足前とびB、前振りとびBの際、跳んだ後になわを前足に引っかけやすいので気をつけてください。方向変換後2重とびFに移るときは、大きな動作で行うようにします。

• 第1章 なわとびの行い方と指導 53

9）側振交差とびF（前方片手交差）→

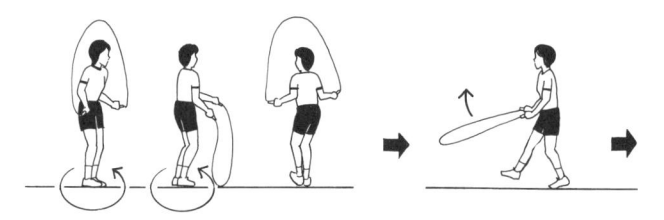

方向変換→　　　　　　片足前とびB→

側振交差とびB（後方片手交差）→

前振とびB→　　　　　交差とびB→

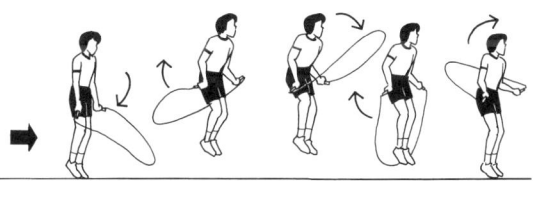

方向変換B→F→　　　　2重とびF

10) 2重とびF→2重・交差とびF→両足・交差2重とびF→2重・交差2重とびF→交差2重とびF→2重あやとびF（はやぶさ、速あや）

　すべて2回旋の前方回旋とびです。2つの跳び方から成り立っている種目は、7）で説明したように交互に4跳躍行います。6種目すべてを連続して跳び続けると、合計で24跳躍となります。このことは、2重とびを25～30回位跳び続ける脚力と持久力が必要とされると考えて良いでしょう。また、それに加えて、この連続技の組み合わせのむずかしさは、2回旋技と1回旋技が交互に入ってることです。この点、うまくリズムを合わせることが必要となります。

就学前の初心者の短なわとびへの挑戦　　　　　　　　　【一口メモ】

　幼児にとって、なわを両手で回しながら、同時に跳ぶということは大変むずかしい動作です。この動作ができるようになる年齢は、個人差がありますが5～6才頃です。それ以前では、跳びながらなわを回す動作を並行してスムーズにできる幼児は、ほとんどいないと思われます。そこで、最初はなわ回しと跳ぶ動作とを、それぞれ分けて練習することから始めると良いでしょう。

　それではどのような手順で、行ったら良いのでしょうか。

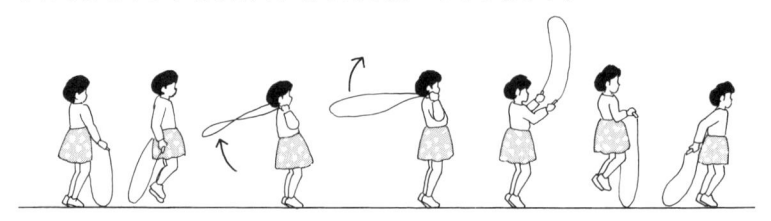

初心者（幼児）の前方回旋とび

　なわの柄（グリップ）を腰の高さで両手に持ち、なわをつま先の10cm位前方に垂らします。地面に着いているなわを片足、もしくは両足でまたぎ越します。次に、跳び越したなわを後ろから前へ大きく回します。それを何度かくり返しているうちに、2つの動作が少しずつスムーズに行えるようになっていきます。しかしながら、跳躍を切れ目なく連続して行うことはまだむずかしく、跳躍と跳躍の間に小さなワン・ステップを入れた1回旋2跳躍なら行えるようになります。連続した跳躍ができるようになり、多少慣れてくると、肩から大きく回していた腕の振りも小さくなってきます。そして、それに伴って、やがてはいろいろな技に挑戦することができるようになります。

・第1章 なわとびの行い方と指導　55

10) 2重とびF→

2重・交差とびF→

両足・交差2重とびF→

2重・交差2重とびF→

交差2重とびF→　　2重あやとびF（はやぶさ・速あや）

⑺ 長なわとびの方法と跳び方

短なわとびは個人を基本として行いますが、長なわとびは団体で楽しむことができます。長なわとびは小学校、中学校はもとより、最近では幼稚園でも採り入れているところもあり、大勢の人が参加できる運動として見直されています。

長なわの回し方

長なわとびでは、回す人と、跳ぶ人がそれぞれ呼吸を合わせることが大切になってきます。では、どのような点に注意を払いながら取り組んでいったら良いでしょうか、以下で述べておきます。

①長なわの回し方

長なわが波をうたないように、長なわの両端を持った2人が呼吸を合わせ、なわに加わる張りと回転の速さが、同じように伝わるよう注意して回します。また、跳んでいる人をよく見て、跳ぶ人のテンポに合わせて回す速さを調節したり、足もとでなわが地面に接するように場所を移動したりして跳びやすいように配慮することも大切です。最初はゆっくり大きく回すようにすることです。

②長なわの入り方と出方

なわの正面から入る場合と斜方向から入る場合がありますが、入り方の要領は、以下に述べるとおりです。

1） 後方回旋の入り方と出方

長なわへの入り方は、なわが跳ぶ人の前を通り、地面をたたいて反対側（跳ぶ人に対して一番遠いところ）にいったときに飛び込むように入り、下りてきたなわを跳びます。

出方は、跳んだなわの反対側（入ってきた方向）に出るのと、跳んだなわを

後方回旋に入る時　　　　前方回旋に入る時

点線の時に入る　　　　　点線の時に入る

追いかけるようにして入った方向の反対側に出る方法があります。

2） 前方回旋の入り方と出方

　長なわが地面をたたいて自分の前を通り、なわが上に上がったときに、跳び込むようにして入り、下りてきたなわを跳びます。出方は、後方回旋のときと同じように、跳んだなわの反対側に出るのと、跳んでなわを追いかけるようにして出る方法があります。

　長なわの中では、両足とび、かけ足とび、2人同時とび、3人・4人同時とび、大勢とび、ドリブルとび、パスとび、ジャンケンとび、くぐり抜けなど、いろいろな跳び方を行ってみましょう。

③長・短なわとび

　長なわの中で、短なわとびをする方法です。長なわに合わせて短なわを同じ方向に回して跳びます。長なわの回し手と、中に入って跳ぶ人が協力し合うことが大切で、チームワークが必要となります。

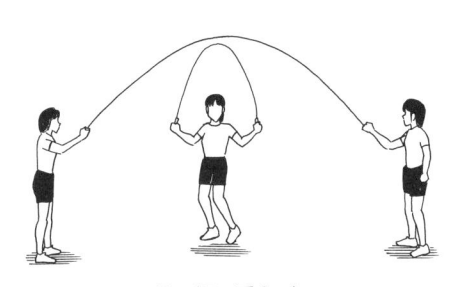

長・短二重とび

1） 長なわの回し方

❶回し手は、短なわよりも長なわの方が外側を回るように間隔をとり、腕を伸ばして大きく回します。

❷回し手は、跳ぶ人が跳びやすいようによく見て、常に速さを調節してあげるようにします。しかし、短なわの人が長なわの動きに合わすことが原則で、頭上で2本のなわが一緒になるように速度を合わせるようにします。

❸回し手は、短なわが速く回りがちですから、それにつられて速くならないよ

うに気をつけます。回し手は、横から長なわと短なわの回り具合を一緒に見ることができますから、足もとを2本のなわが同時に通るように調節しながら回すようにします。

２） 長なわの入り方

❶短なわを片手に持って入り、長なわに合わせて体側で空振りをし、チャンスをみて両手に持ちかえて両足とびをします。

❷長なわの外で、長なわに合わせて跳び、長なわが目の前を過ぎたときに、すばやく短なわを回しながら中央に飛び込みます。

❸長なわの外で、短なわとびの用意の姿勢で待ち、長なわが目の前を通ったときにすばやく中央に飛び込みます。この入り方が一般的です。長なわの中で、リズムとタイミングをつかんで跳べるようになれば、基本的な短なわとびの跳び方（種目）を長なわの中で行うことができます。しかし、短なわだけと違って、長なわが回っているわけですから、長・短なわとびが上手くできるようになるためには、やはり、短なわとびがかなり上達していることが必要です。

④十字とび、長短十字とび

2本の長なわを中央で十字に交差させるように、2組が2人ずつ向かい合って立ち、回っているなわの中に入って跳ぶのが十字とびで、さらに短なわを持って入って跳ぶのが、長短十字とびです。

長なわは同じ方向に回して、上にいったときと下にいったとき、2本が正しく90度に交差するようにタイミングを合わせて回します。

入り方、跳び方、出方については、2本の長なわが同時に同じ方向に回っているだけですから、1本の長なわに注意を集中し、長短2重とびと同じ要領で行うようにすれば良いでしょう。

⑤長なわ平行とび、長短平行とび

長なわの両端をそれぞれ両手に平行に持って向かい合い、2本のなわを交互に、内回旋か外回旋する中で跳ぶ方法です。回っている2本のなわは、跳ぶ人の側から見ると、1本は順回旋し、他の1本は逆回旋して交互に地面を打って

長短十字とび　　　　　　　　　　　　長短平行とび

います。この跳び方には、跳躍の正確さと器用さや機敏さが必要で、回す人にも持久力や調整力が要求されます。

　回し手はなわを交互に、しかも正確にリズミカルに回さなければなりませんが、なかなか上手くできないものです。そこで、2本のなわを伸ばして同じ長さに持ち、交互に外側に回しながら少しずつ歩み寄り、なわのたるみを大きくして、地面が打てるところまで近づきます。そして、両腕を引っ張り気味に伸ばして、左右のなわの張りが同じようになるように回します。

　十字とびは2本のなわが同時に回るので、1本のなわに集中すれば良いのですが、平行とびの場合は、別々になわが回っていますから、なかなか入れません。そこで、上手に入るためには、自分に近いなわだけに注目して、手前のなわが目の前を通り過ぎたときに、すばやく中央に飛び込むようにすれば良いのです。入り方は、なわに対して直角に入るのではなく、回し手に向いて跳ぶのですから、斜めに入るようにするのが良いでしょう。

　平行とびはなわを1本で回すのにくらべると、ほぼ倍の速さで回ってくるので、なわの中に飛び込んだらすぐに跳ばないと、足になわを引っかけてしまいます。入ってからの跳び方は、両足とびももちろんできますが、かけ足とびが最も跳びやすいでしょう。

　長なわからうまく出るには、2本のなわに惑わされないように、出る側の反対のなわを跳んで、すばやく出るようにします。

　次に、長短平行とびの場合の入り方は、短なわを短めにして持って中に入り、調子よく跳べるようになったら長くします。このときの跳び方は、1回旋1跳躍のかけ足とびや、かけ足あやとびなどが跳びやすいでしょう。

3．リズムなわとびの方法と指導

　短なわや長なわでの基本的な跳び方が一通りできるようになると、その応用として「リズムなわとび」に挑戦することができます。子供の頃の遊びの中に、なわとび唄を口ずさみながら、短なわとびや長なわとびをした経験を持っている人は大勢いると思います。そして、現代では音楽のリズムに合わせて振り付けられたエアロビックダンスが、同じような存在として盛んに行われています。

　ところで、いろいろな用具を使うことによって、運動の幅と奥行きは、より広く深くなっていきます。よって、ここではなわを使っての「リズムなわとび」について触れておくことにしたいと思います。「リズムなわとび」の実施にあたっては、それぞれの年齢や体力など、発育・発達段階や技能に応じて、跳び方（種目）やその組み合わせを工夫して、最もふさわしい運動量を考慮していくことが必要でしょう。

①個人が短なわとびをリズムに合わせて行う方法（個人）

　1人1人が一定のリズムや音楽に合わせて行います。
　1つ1つの技を正確に、リズムにのって跳ぶようにしましょう。

②団体で短なわとびをリズムに合わせて行う方法（団体）

　2人以上が一定のリズムや音楽に合わせて行います。
　1つ1つの技を正確に、リズムにのって跳ぶようにしましょう。

1) 跳び方とテンポ

　曲のテンポや速度に合わせた跳び方を工夫します。

　　ア）　両足とび（1回旋1跳躍）　　曲の速度　　110〜130（毎分）
　　イ）　両足とび（1回旋2跳躍）　　曲の速度　　120〜140（毎分）
　　ウ）　片足交互とび　かけ足とび、前出しとび
　　　　　　　　　　　　前振りとび、もも上げとび　130〜160（毎分）
　　　　　　　　　　　　横振りとび

エ）　２重とび　　　　両足２重とび、かけ足２重とび
　　　　　　　　　　　２重あやとび（はやぶさ）　　100〜115（毎分）
オ）　長なわとび　　　　　　　　　　　　　　　120〜140（毎分）
カ）　スキップ移動とび　　　　　　　　　　　　100〜110（毎分）

2）　曲

　民謡からポップスまで、どんな曲にでも合わせてなわとびをすることができますが、リズムなわとびとして考えるならば、サンバ、マーチ、タンゴ、ポルカ、ディスコなどで、小気味良いテンポを持ち、リズムがはっきりしているものが適しています。

3）　１曲の時間の長さ

　リズムなわとびを適切に行うには年齢、体力など発育・発達段階に合わせて時間を配分することが大切となります。

　　ア）　幼稚園児、小学１年生・２年生……30秒〜２分
　　イ）　３・４年生　　　　　　　……１分〜３分
　　ウ）　５・６年生　　　　　　　……２分〜４分
　　エ）　中学・高校、一般　　　　……３分〜５分

4）　簡単なリズムなわとび

　　ア）　時間とびには音楽に合わせて跳ぶ場合と、音楽を使わないで跳ぶ場合とがあります。競技として跳ぶのでない場合は、音楽に合わせて跳ぶほうが、楽しく変化に富んでいます。

　　イ）　低学年の場合は、リズムなわとびの場合でも、組み合わせ連続とびは技術的にむずかしいので、全く同じ跳び方か、自分の好きな跳び方で自由に跳ぶのが良いでしょう。

　　ウ）　ある程度長く跳び続けるには、かけ足とび、前振りとび、前振り出しとび、かけ足（１回旋２跳躍）とびなどが適しており、一定の心拍数を保つことができるので、楽に跳び続けることができます。両足とびは楽にできるように見えますが、相当な運動量となり、疲労がたまりやすい跳び方です。音楽に合わせて３〜４分とび続ける「リズムなわとび」では、上記の跳び方を中心に組合せることによって跳び続けることができ、十分に楽しむことができます。

エ）　全校児童や生徒が、運動会や体育祭でマスゲームとして、全員同時になわとびを行う場合は、発育・発達段階に差があるので、3～4種目を組み合わせて、両足とび主体から、かけ足とび、その他の跳び方へと、音楽のテンポを変えて行うようにすると良いでしょう。

5）　リズムなわとび

クラス全体や学校全体でなわとびを行う場合、単調な跳び方だけでは飽きられてしまいます。よって、音楽的にも興味のありそうなものを選び、その曲に、数種目を組み合わせて、変化に富んだ楽しいものにする工夫が望まれます。本格的な「リズムなわとび」は、児童、生徒によって多少の違いはありますが、興味深く、また巧緻性や調整力、リズム感、タイミング、持久力などを養うのにも優れたすばらしい運動としてとらえることができます。

〇リズムなわとびの作り方

ア）　どの跳び方を主体にするかによって、その跳び方にあったテンポの曲を選びます。

イ）　例えば、4種目組み入れる場合、その曲を何呼間かに分け、種目を配列します。

ウ）　その音楽（曲）の構成を調べます。曲の速さ（テンポ）を、拍子の数を数えながらメモをとります。そして、前奏・1番・間奏などが何拍で組み立てられているのかを調べ、どこでどんななわとびをするのかを決めます。こうして、「リズムなわとび」のアウトラインができます。

エ）　実際に、なわを持って跳んでみます。いろいろな跳び方の中から、いくつかの跳び方を選び組み合わせて行きます。跳び方は、その曲想に合ったものを選びます。

オ）　なわを跳ばない部分は、なわを回旋させたり、なわを身体にかけて踊ったりします。この場合も、曲やリズムに合わせた振付けをします。例えば、テンポがゆっくりとした音楽でしたら表情豊かに表現し、アップテンポな曲でしたら律動的な動きを取り入れるなど、その音楽にふさわしいものにしていきます。

カ）　最後に、曲の初めから終わりまで通して跳んでみます。曲想や音楽の調子に「リズムなわとび」が合っているかどうか確かめます。そして、

合っていないところを修正します。

キ）　継続してなわとびの授業を続けている学校では、10種目前後を組み入れ、なおかつ曲に合わせて技の構成を工夫しています。また、前方回旋だけでなく、後方回旋も上手に組み入れて変化あるものにしていくと、いっそう興味も増してきます。

ク）　組み入れてある種目を覚えにくい場合は、「かけ足とび」とか「前振りとび」などと、声を曲の中に吹き込んでおくと跳びやすいです。

ケ）　曲の前奏や間奏の部分は、その曲に合ったダンス的な振り付けをするといっそう楽しさが増し、「リズムなわとび」のおもしろさを堪能することができます。

○やさしい振付　　　　　　「タタロチカ」（1）

前奏　　　　　　　　　　　静止
1. 32（呼間）……………　両足とび
2. 32（呼間）……………　横振りとび
3. 32（呼間）……………　両足とび
4. 32（呼間）……………　横振りとび
5. 32（呼間）……………　両足とび
6. 32（呼間）……………　横振りとび
7. 32（呼間）……………　両足とび
8. 32（呼間）……………　横振りとび

　　　　　　　　　　　　「タタロチカ」（2）

前奏　　　　　　……………　静止
1. 32（呼間）……………　両足とび　　　8呼間で前進
2. 32（呼間）……………　横振りとび　　8呼間　その場で
3. 32（呼間）……………　両足とび　　　8呼間　後退
4. 32（呼間）……………　横振りとび　　8呼間　その場で
5. 32（呼間）……………　かけ足とび
6. 32（呼間）……………　横振りとび
7. 32（呼間）……………　かけ足とび
8. 32（呼間）……………　横振りとび

4．ダブル・ダッチ(Double Dutch)の方法

　4mくらい離れて向かい合った2人が、2本の長なわ（ロープ）の端を持ち、両者がそのロープを交互に内側や外側に大きく回し、その中に入って跳ぶ方法（遊び）がダブル・ダッチといわれる「なわとび」です。長なわを持って回す人を「ターナー」と呼び、中に入って跳ぶ人を「ジャンパー」と呼びます。

　ところで、"ダッチ"とは、オランダ（人）のことですが、かつてはオランダで行われていたこのなわとび遊びが、アメリカに伝わって、大人気となりました。ちなみに、このなわとびを、「ダブル・ダッチ」と命名した人は、アメリカのニューヨーク市に住むデビッド・ウォーカーという人だそうですが、1973年のことであったようです。なお、ロープを外側に回す場合を、時に"ダブル・アイリッシュ"（Irishはアイルランド）と呼ぶことがあるようです。

　まず、ダブル・ダッチのロープの回し方（内側）ですが、1本のロープは他方よりもやや高く保持するようにし、まず低いロープを回し始め、続いて高いロープの回しを加えるようにするのが良いようです。実は、このダブル・ダッチでは、「ジャンパーがなわを跳んでいるのではなく、ターナーが跳ばせてあげている」と言ってもよいほど、なわを回すターナーの役割が重要だとされています。なわの回し方は、太鼓をたたくようなイメージで回すと良いようですが、いずれにしても、跳び方の練習のみならず、なわの上手な回し方についても十分に練習を重ね、熟練することを忘れてはいけません。

　次に、なわが回されると、ジャンパーはタイミングを見計らって中に入り、一方を跳んで、次にもう一方を跳んで"かけ足とび"に移っていくわけです。ロープに入るときは、多くの集中力を要します。入り方・出方のポイントとしては、回っている2本のロープのうち、1本だけに注目して、その1本が自分の前に来る直前に入り、その1本が自分の前から上に行った直後に出ると上手くいきます。初めは、ゆっくりとなわを回して、このタイミングを覚えることです。

　このダブル・ダッチの遊びは、本来はリーメス（Rhymes）といって、"韻を踏んで跳ぶ"のだそうです。このリーメスには、多くの国（地方）によって

命名された数多くのバリエーションがあるようです。有名なものには、"ストロベリー・ショートケーキ"や"テディ・ベア"などがあります（表1）。

さて、アメリカの少年・少女たちの人気を集めたダブル・ダッチは、競技へと発展していきました。ダブル・ダッチは、2本のロープさえあれば、いつでもどこでもスピードとリズム感を味わえ、友情を得られるということで、人気が上がりました。また、ダブル・ダッチを行うことによって、リズム感・耐久力・調整力・集中力・熟練・創造力・協調性が養われるのも魅力です。このダブル・ダッチは、すでに競技化されており、世界ダブル・ダッチ選手権（年齢別）も行われています。競技は、シングル部門とダブルス部門があり、それぞれスピード・規定・自由（フリー・スタイル）の3種目が競われています（図1）。

まず、シングル部門は3m66の2本のロープを使い、中に1人のジャンパーが入ります。そして、1種目めのスピード種目では、2分間のかけ足とびの回数を競います。2種目めの規定種目では、片足とびで左回り2回＋右回り2回を行った後、左右クロスとびを2回ずつ行い、最後にハイニー（高い膝上げ）とびを10回行います。3種目めの自由種目では、様々なステップを入れたり、ダンスや体操の要素を取り入れたり、自由にハイテクの技に挑戦することになっています。

次に、ダブルス部門は4m27のロープを用い、中に2人のジャンパーが入って演技します。スピード種目は、最初の1人が55秒間かけ足とびを行い、次にもう1人が、引き続き1分05秒のかけ足とびを行います。規定は、シングル部門と同じことを2人（シンクロ）で行います。自由種目は、これもシングル部門の場合と同様、2人でハイテク技を工夫し、挑戦することになります。

アメリカでは、1992年には、25万人もの少年・少女たちがダブル・ダッチ競技をやっていたと報告されていますが、21世紀にはオリンピック種目に入れたいと意気込んでいるとも聞いています。

このところ、わが国でも、都会の広場などで、ダブル・ダッチをやっている20歳前後の青年たちを見かけるようになりました。また、都立K高校では、すでに何十年も前から、長なわ2本の交互内側回し（ダブル・ダッチ）の中に、短なわで入ってから、かけ足とびとかけ足とびをしながら1回転する跳び方を

行っていますが、こうした高度な技への挑戦は、なわとびというものの奥の深さやおもしろさ・魅力を知ることになります。皆さんも、ぜひダブル・ダッチに挑戦し、なわとびの魅力を存分に味わってはいかがでしょうか。なお、このダブル・ダッチの基本と練習法について詳しく知りたい人は、http://nawabito-id.hp.infoseek.co.jp/training%20notes.html のホームページを開けてみてください。

表1　なわとびのリーメス

1）　ストロベリー・ショートケーキ	2）　テディ・ベア・テディ・ベア
クリーム　オン　トップ テル　ミー　ザ　ネイム オブ　マイ　スイートハート A,B,C,D,E,F,G,H,I……	ターン　アラウンド テディ　ベア　テディ　ベア タッチ　ザ　グラウンド テディ　ベア　テディ　ベア ショウ　ユア　シューズ テディ　ベア　テディ　ベア ゴー　アップ　ザ　ステイアーズ セテディ　ベア　テディ　ベア イ　ユア　プレイヤーズ テディ　ベア　テディ　ベア ターン　アウト　ザ　ライト テディ　ベア　テディ　ベア スペル　グッドナイト G-O-O-D-N-I-G-H-T

ダブル・ダッチ（競技）の様子

シングル

ダブルス

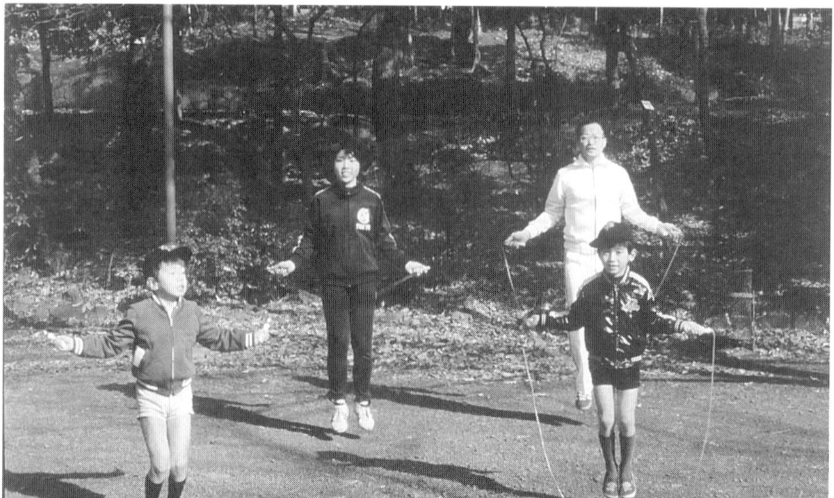

第2章
なわとびの授業の実際

先の第1章では、なわとびを始める前の基本的事項について述べたり、またなわとびの基本的な跳び方などについての紹介・解説をしました。そこで、この第2章では、第1章をもとに、実際に学校で行われているなわとびの授業について、いくつかの実践例を紹介しておくことにしたいと思います。

　本章で紹介する学校の事例は、小学校、中学校、高校それぞれについて上げてありますが、T中学・高校ならびにK高校の場合は、著者3名が長年にわたって指導してきたものです。そして、それぞれの学校では、現在もそれを引き継いでおり、特に寒い冬期（3学期）の体育において重要な教材となっています。もちろん、言うまでもなく、生徒たちは、懸命にそのなわとび授業に挑んでいます。

　また、小学校の場合は、いくつかの学校を訪問し担当の先生からお話を聞いたり、また不明な点を問い合わせることで、なわとび授業の実際を把握することができました。ここでは、その中から、代表的な2校について、主として用いられている「なわとびカード」をもとに紹介することにしたいと思います。

　以下、それぞれに学校のなわとび授業について述べていきますが、どの事例も実際に行われているものですから、特に学校やクラブ等で指導されている先生方には、すぐにでも役立つはずです。

1．M小学校（東京都大田区）のなわとびカード

　M小学校の場合は、1・2年（低学年）、3・4年（中学年）、5・6年（高学年）の3グループに分けて、それぞれ適したなわとびの跳び方（種目）課題を与えています。例えば、低学年では、「なわとびがんばりカード（1・2年生）」（図1）が配られます。まず、子供たちには、前回しとび（両足とび）と後ろ回しとび（後ろ両足とび）が何回か続けて跳べることを目標にさせ、なわ

なわとびがんばりカード (1・2年生)

年　組　名前 ＿＿＿＿＿＿＿＿

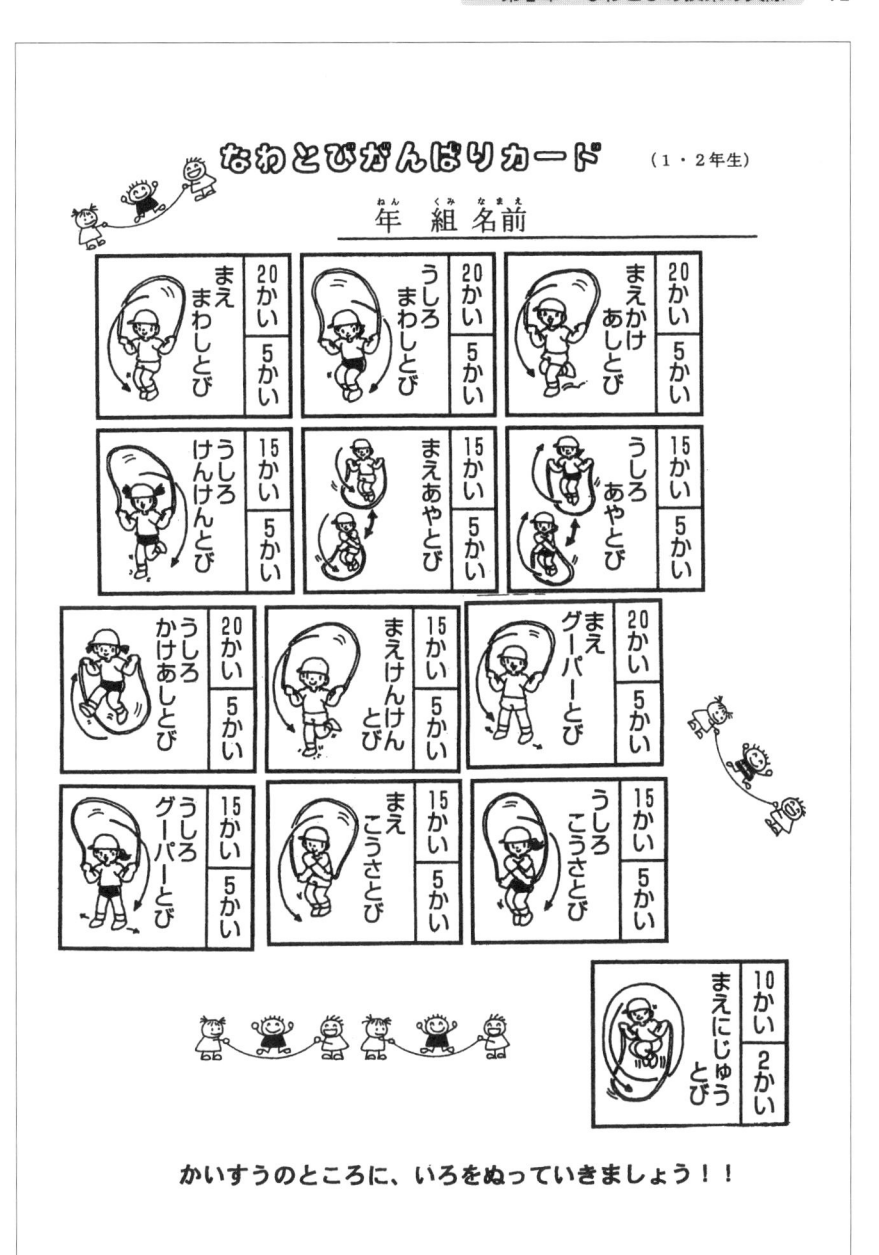

まえまわしとび	20かい / 5かい
うしろまわしとび	20かい / 5かい
まえかけあしとび	20かい / 5かい
うしろけんけんとび	15かい / 5かい
まえあやとび	15かい / 5かい
うしろあやとび	15かい / 5かい
うしろかけあしとび	20かい / 5かい
まえけんけんとび	15かい / 5かい
まえグーパーとび	20かい / 5かい
うしろグーパーとび	15かい / 5かい
まえこうさとび	15かい / 5かい
うしろこうさとび	15かい / 5かい
まえにじゅうとび	10かい / 2かい

かいすうのところに、いろをぬっていきましょう！！

図1　M小学校低学年（1・2年生）用のなわとびカード

表2 M小学校中学年（3・4年生）用のなわとびカード

なわとびがんばりカード（3・4年生用）

___年___組 名前_____

級	しゅもく	回数	ここに気をつけよう！！	友だち	先生
10	前回し	10	うでは回さず、手首でなわを回す		
9	前回し	30	つま先でかるくとぶ		
	かけ足	10	ももをよくあげてとぶ		
8	かけ足	30	もものカをぬいて、リズミカルに足を動かす		
	かた足 左右	5	かた足でかるくジャンプをするつもりでとぶ		
	後ろ回し	10	はじめはなわを長く持つとやりやすい		
7	後ろ回し	20	手首が外がわに開くように回す		
	あやとび	10	うでをすばやく交差する		
6	後ろかけ足	10	手首をこしのあたりにすえて回す		
	あやとび	20	手をやや下向きにして回すとよい		
	交差とび	10	うでをふかくこうささせて、なわを回す		
5	かけ足あやとび	10	体をやや前にたおす		
	交差とび	20	うでをふかくこうささせて、手首をきかせる		
4	後ろあやとび	10	体をやや後ろにたおす		
	二重とび	5	こしやひざをまげすぎない		
3	後ろ交差とび	5	ひざをややまげてとぶ		
	二重とび	10	こしやひざをまげすぎないで、リズミカルに		
2	後ろ二重とび	5	手首を外に開き、こしの高さではやく回す		
	はやぶさ	5	うでの交差や開きをすばやくする		
1	はやぶさ	10	うでの交差や開きをすばやくして、リズミカルに		
	後ろ二重とび	10	手首を外に開き、手首をきかせる		
特	はやぶさ	30	うでの交差や開きをすばやくして、あきらめずに		
	後ろはやぶさ	5	うでの交差や開きをすばやくする		

表3　M小学校高学年（5・6年生）用のなわとびカード

なわとびカード（5・6年生用）

約束：友達に見てもらいましょう。たての列が全部ぬれたら、級が合格です。

＿＿年＿＿組　名前＿＿＿＿＿＿＿＿＿＿

種目＼級	10	9	8	7	6	5	4	3	2	1	記録
三重とび										1	
後ろはやぶさ								1	3	5	
二重交差とび							1	3	5	10	
はやぶさ						1	3	6	10	15	
後ろ二重サイドクロス						1	3	6	10	15	20	
二重サイドクロス						1	3	6	10	15	20	
後ろ二重とび					1	3	6	10	15	20	30	
二重とび					1	3	6	10	20	30	40	
後ろ交差とび				1	3	6	10	15	20	25	30	
後ろあやとび				1	3	6	10	15	20	25	30	
後ろサイドクロス				1	2	4	6	10	15	20	30	
サイドクロス				1	2	4	6	10	15	20	30	
交差とび			1	5	10	15	20	25	30	35	50	
あやとび		1	5	10	15	20	25	30	35	40	50	
前ふり足とび		1	5	10	15	20	30	40	60	80	100	
後ろ両足とび	10	20	30	40	50	60	70	80	90	100	
グーパーとび	10	20	30	40	50	60	70	80	90	100	
かけ足とび	10	20	30	40	50	60	70	80	90	100	
両足とび	30	50	70	90	120	150	180	210	240	300	

（注1）　表中の数値は跳ぶ回数を示す。
（注2）　サイドクロスは前方片手交差とび、後ろサイドクロスは後方片手交差とびのこと。

とびに対するおもしろさや興味を持たせるようにしてから、図1に示されているかけ足とび（前・後）、けんけんとび（片足とび前・後）、あやとび（前・後）、交差とび（前・後）……と進めていき、最終的には2重とび（前）に挑戦させるようにしています。

　中学年になると、「なわとびがんばりカード（3・4年生用）」（表2）が配られます。表2を見ていただくと分かりますが、低学年で課題とされた基本的な跳び方については、目標回数が30回まで延長されています。また、2重とびやはやぶさ（2重あやとび）での前・後ろとびというかなり高度な技までが課題となっています。ところで、表中には"ここに気をつけよう！！"という技術ポイントが、それぞれの跳び方ごとに示されていますが、中学年の児童にとっては、練習を進めていく上で、非常に大きな助け（ヒント）になるはずです。

　高学年は、「なわとびカード（5・6年生用）」（表3）が配られます。高学年では、低・中学年でできるようになった技（種目）を、リズミカルにかなり長く（安定して）跳ぶことが要求されています。このためには、なわとびを効率よく跳ぶためのテクニックが身についていることが必要になりますし、持久的な能力も要求されます。例えば、1級の両足とびは、300回ということですから、1分120回のペースで跳ぶと、2分30秒を要すること（持久とび）になります。新しい技としては、サイドクロス（＝前方・後方片手交差とび）という跳び方が加えられていますし、3重とびが1回でもできれば、最高の1級となっています。

　以上、M小学校の「なわとびカード」について紹介しましたが、M小学校では、12月に「なわとびカード」を児童に配布します。そして、低学年には、先生が授業の中で跳び方を教えて、カードにある目標の回数に挑戦させます。また、中・高学年には、新しい跳び方を授業で教えた後、休憩時間や自由時間に、友達同士で検定し合うことにしています。2月末には、子供たちの合格した級の認定書が、学校長名で授与されますが、なわとびの好きな児童は、年間を通して何度も級（種目）に挑戦します。

　ところで、M小学校のなわとびの授業は、体育の1時間全部を使うのではなく、主運動前の準備運動（ウォーミング・アップ）として行われています。い

ずれにしても、M小学校のなわとびカードは、学年や発育・発達段階に応じて実にうまく工夫されており、小学校のなわとび授業を行っていく上で大変参考になるものです。

2．I 小学校（群馬県）のなわとびカード

　なわとびの盛んな群馬県のⅠ小学校では、表4（78〜79ページ）に示す「50種目のとび方」カードを、1年生のときに児童に配布しています。カードでは、跳び方が、「1・基本とび、2・交差とび、3・かえしとび、4・ひもとび、5・そのほかのとびかた」の5グループ（なかま）に分けられており、またそれぞれの跳び方には、難易度がA（やさしい）、B（ふつう）、C（むずかしい）の3段階で示されています。Ⅰ小学校では、低学年において、まず、基本とびと交差とびの中の、やさしい跳び方（A）を中心に指導していきます。

　授業の進め方は、先に紹介した東京のM小学校の場合と同様、体育の授業のはじめの10分間、準備運動を兼ねて、Aランク中心のなわとびをします。カード（跳び方）の進度については、児童の調整力や器用さの違いがあって、得意な跳び方から始める児童もあり、必ずしもやさしい跳び方から順番に進めていくということにはならないようです。お話をお聞きしたT先生は、この傾向について歓迎されており、児童の特性を生かした指導を大切にすることこそ、子供たちになわとびのおもしろさや楽しさを味わわせることができるはずだ、との考えをお持ちです。

　T先生は、バウンド・ボード（＝高さ10cmの角材の上に、厚さ3cm・たて180cm・横90cmのベニヤ板を張って作ったもの）という補助用具の利用を推奨されています。先生は、このボードを校庭の数ヶ所に置いています。このボードを利用するとうまく弾んで跳びやすいので、子供たちは、ボードの前に順番に並んで待つようです。子供たちはこのボードによって、リズミカルに跳ぶ感覚を覚えると同時に、ボード上で演技している人の跳び方を観察することから、何らかのコツを得ていきます。ちなみに、この（よく弾む）ボードを利用した練習では、特に2重とびに人気があります。

　T先生は、いくつかのボードの1つを、わざと職員室の前に置いています。

バウンド・ボードを使っての練習風景

　子供たちは、先生が見てくれていると思ってか、多くの者がこのボードの前に並びますが、ここでの子供たちの練習には、いっそう張り切った様子が見られるようです。
　ところで、最近では、ゆとり教育によって土曜日が休みになったことから学習時間が減り、その分なわとびの指導時間も減ってきたり、またクラス担任が変わると、なわとびに興味のない担任のクラスでは、なわとびを行う機会がなくなったりするようです。そこで、T先生は、「朝練だ！」と言って子供たちを集めると苦情が出るので、なわとびクラブを作り、土・日曜日を利用して、ボランティアでなわとびの指導をしています。そこには、なわとびのおもしろさを知った多くの子供たちが集まって来るので、そこでは、むずかしい跳び方（B・Cランク）を指導しています。なお、T先生のなわとびクラブには、I小学校の児童ばかりでなく、他校の児童や父母たちも加わっています。
　これまで述べてきたI小学校やT先生の取り組みにもかかわらず、I小学校のなわとびの目標（6年間で50種目全部ができるようになる）を達成できる児童は、最近は、以前よりも少なくなっているとのことで、誠に残念に思います。
　表4には、これまで説明していないとび方がありますので、以下、説明を加

えておきます。まず、「かえしとび」ですが、これについては、第１章の16・17ページの「かえし技」を参照してください。そこで、表４中の「３・かえしとび」のなかまの「１．前１回両足かえしとび」とは、「(前回しで)右にかえして→両足とび→左にかえして→両足とび」を行うということです。

　ところで、この「かえし技」（＝跳躍しないで、腕と身体でなわを操作する）はむずかしい技ですが、３年生くらいになるとかなりの児童ができるようになり、これを覚えると、そのかっこよさからいっそうなわとびに興味を持つようになるようです。子供たちにとって、このかえし技（とび）と２重とびは、どうやら憧れの定番であるようです。なお、本来ならば、Ｃランクでもよいと思われるこのむずかしいかえしとびが、どうしてＡランクになっているのか疑問に思いますが、Ｔ先生によると、「Ａランクにしているのは、少々無理があるのですが、中・高学年になると、誰でもできるようになるので、あえてＡランクにしている」のだそうです。

　次に、表４中の「４・ひもとび」のなかまの「足きりとび」とは、片手でなわの両グリップを握り、足もとで、なわを右回し（左回し）しながら、それを両足やかけ足で跳び越えるというものです。

　そして、「５・そのほかのとび方」の「１．もちかえとび」とは、なわが頭上に来たとき、頭の上で、握り（グリップ）を左右交換して跳ぶ（両足とび）ものです。また「２．８の字とび」とは、身体の前で両腕（グリップ）を揃えて持ち８の字を描きます。８の字とびとなっていますが、跳躍はしません。さらに、「３．３拍子とび」とは脚を左（右）横振り→右（左）横振り→両足とびと、１・２・３、１・２・３のワルツのテンポで跳びます。

　最後の「４．とんび（はやぶさ＋両足２重）」は、はやぶさと言われる２重あやとびと２重とびを交互に跳ぶ、難易度の大変高い跳び方です。なお、「とんび」とは、はやぶさという鳥にちなんだ跳び方名に対して、自然発生的に生れたようで、児童の中ではあたり前のように通じているそうです。また、ついでですが、おもしろい表現として、交差２重とびを「リットル」と言っているそうです。これは腕交差をして跳ぶとき、腕となわとが作る形が、液体の容量（1.8リットルなど）を表す筆記体のエルの字になることから、言われ出したものと思われます。

表4　I小学校のなわとびカード

50種目のとび方（　）年（　）組　名前（　　　　　　　　　　）				
1　基本（きほん）とびのなかま				
			とび方の名前	合格印
1	A		前1回両足基本（りょうあしきほん）とび	
2	A		前1回片足基本（かたあしきほん）とび	
3	A		前1回かけ足基本（きほん）とび	
4	A		前1回横振り（よこふり）とび	
5	C		前2重（にじゅう）両足基本（りょうあしきほん）とび	
6	A		後1回両足基本（りょうあしきほん）とび	
7	A		後1回片足基本（かたあしきほん）とび	
8	A		後1回かけ足基本（きほん）とび	
9	C		後2重（にじゅう）両足基本（りょうあしきほん）とび	
2　交差（こうさ）とびのなかま				
1	A		前1回両足（りょうあし）あやとび	
2	B		前1回片足（かたあし）あやとび	
3	B		前1回かけ足あやとび	
4	B		前1回交互（こうご）2拍子（にびょうし）とび	
5	C		前2重（にじゅう）両足（りょうあし）あやとび	
6	B		前1回両足（りょうあし）あやとび	
7	B		前1回片足（かたあし）あやとび	
8	B		後1回かけ足あやとび	
9	A		前1回両足（りょうあし）交差（こうさ）とび	
10	B		前1回片足（かたあし）交差（こうさ）とび	
11	B		前1回かけ足交差（こうさ）とび	
12	B		前1回前振り（まえふり）とび	
13	C		前2重（にじゅう）両足交差（りょうあしこうさ）とび	
14	B		後1回両足（りょうあし）交差（こうさ）とび	
15	B		後1回片足（かたあし）交差（こうさ）とび	
16	B		後1回かけ足交差（こうさ）とび	
17	C		前1回両足（りょうあし）あやがえしとび	

＊＊＊とぶかいすう＊＊＊
　8かい　とべれば、ごうかくです。
　♯のついているしゅもくは、
　　つかえないで、前→後→前と、ほうこうへんかんできて、ごうかくです。

＊＊＊とびかたの　なまえの　つけかた＊＊＊
　　前　　　1回　　　りょうあし　　きほんとび
　　↓　　　↓　　　　↓　　　　　　↓
　　なわのむき　まわるかず　足のかたち　うでのかたち

3　かえしとびのなかま

1	A	前1回両足（りょうあし）かえしとび	
2	B	前1回かけ足かえしとび	
3	C	後1回両足（りょうあし）かえしとび	
4	C	後1回かけ足かえしとび	
5	A	前1回両足側振（りょうあしそくしん）とび	
6	B	前1回かけ足側振（そくしん）とび	
7	B	後1回両足側振（りょうあしそくしん）とび	
8	B	後1回かけ足側振（そくしん）とび	
9	A	前1回両足右前後交差（りょうあしみぎぜんごこうさ）とび	
10	B	前1回両足左前後交差（りょうあしひだりぜんごこうさ）とび	
11	B	前1回両足前後（りょうあしぜんご）あやとび	
♯12	B	右1回両足方向変換（りょうあしほうこうへんかん）とび	
♯13	C	左1回両足方向変換（りょうあしほうこうへんかん）とび	
♯14	C	かえ足かえし方向変換（ほうこうへんかん）とび	
♯15	C	両足側振方向変換（りょうあしそくしんほうこうへんかん）とび	
16	C	かえし横振り（よこふり）とび	

4　ひもとびのなかま

1	A	右1回両足（りょうあし）足きりとび	
2	B	右1回かけ足足きりとび	
3	A	左1回両足（りょうあし）足きりとび	
4	B	左1回かけ足足きりとび	

5　そのほかのとびかた

1	B	もちかえとび	
2	A	8の字（じ）とび	
3	B	3拍子（さんびょうし）とび	
4	C	とんび（はやぶさ＋両足2重）	

＊＊＊けんていきじゅん＊＊＊
　　3段……50しゅもく中50しゅもく　ごうかく
　　2段……　　〃　　　47〜49　　　〃
　　初段……　　〃　　　44〜46　　　〃
　　1級……　　〃　　　40〜43　　　〃
　　2級……　　〃　　　35〜39　　　〃
　　3級……　　〃　　　30〜34　　　〃
　　4級……　　〃　　　25〜29　　　〃
　　5級……　　〃　　　20〜24　　　〃
　　6級……　　〃　　　15〜19　　　〃
　　7級……　　〃　　　10〜14　　　〃
　　8級……　　〃　　　5〜9　　　　〃
　　9級……　　〃　　　3〜4　　　　〃
　　10級……　　〃　　　1〜2　　　　〃

＊＊とびかたのランク＊＊

A　やさしい
B　ふつう
C　むずかしい

3．都立Ｋ高校のなわとび進級表

　Ｋ高校では、冬になると霜がおり、グラウンドのほとんどがぬかるんでしまう中、ぬかるんでない狭い場所でも行えることから、長年３学期になると、持久走（ロード・レースの準備）とともに、なわとびの授業が行われるようになりました。なわとびを行っている多くの学校は、このＫ高校の事情とほぼ同様なのではないでしょうか。

　Ｋ高校では、１・２年生時になわとびの授業を行っていますが、１年生のときは表５の「なわとび進級表」、２年生のときは表６の「なわとび進級表」を用いています。表から分かるように、１年生では３級以外、２年生では５・４級以外はすべて「組み合わせ（連続）とび」であり、指定された種目と回数どおり、はじめから終わりまで通して跳び、最後にフィニッシュ（片方の足の裏でなわを止める）を決めて合格となります。よって、跳んでいる途中で種目を間違えたり、種目から次の種目に移るときに空振りしたり、決められた回数を間違えたりすると、その瞬間失格になります。

　なわとびの授業の進め方は、授業のはじめに、進度に合わせて先生が級の見本を行って見せ、説明を加えた後、生徒たちはその級または自分が挑戦中の級に合わせて自由練習を行います。先生は、時間を見計らって、やさしい級から順に検定を行っていきますが、生徒たちは、自分が挑戦する級の集合がかかったら、その場に行き、順番を待ち検定を受けます。検定の合否判定は授業担当の先生が行います。もちろん、合格した者は次の級へ、不合格の人は、改めて失敗した級に、合格するまで挑戦し続けることになります。

　ところで、２年生（表６）の３級・２級・１級は、それぞれ長なわ１本か２本（十字または平行）の中で、短なわによる組み合わせ（連続）とびを行う高度なものですが、検定では、途中短なわとびが失敗しても、長なわが回っていれば、最初からやり直せるルールとなっています。しかしながら、さすがに何度かやり直すと、疲れがひどくなり、失敗する確率は高くなります。なお、１年生の１級はかなりの人数が合格しますが、２年生の１級の合格者は、年（実技時間数）にもよりますが、１学年で10名に満たないようです。

表5　K高校1年生のなわとび授業の進級表（組み合わせ・連続とび）

段階・級名	種目名	回旋・跳躍	回数
7級	1．両足とび 2．片足前とび 3．前後開閉とび 4．前振とび 5．方向変換（やさしい）	1対2 1対2 1対2 1対2	10回 10回 10回 10回 往復4回
6級	1．踏みかえとび 2．腕交差とび 3．かけ足とび 4．かけ足あやとび 5．回転とび（片足前中心）	1対2 1対2 1対1 1対1 1対2	10回 10回 10回 10回 360度回転
5級	1．脚側振とび 2．側振（前方片手）交差とび 3．方向変換（むずかしい） 4．後ろ両足とび 5．後ろ片足前とび 6．方向変換（むずかしい） 7．両足とび 8．2重とび	1対2 1対2 前から後ろへ 1対2 1対2 後ろから前へ 1対1 2対1	10回 10回 10回 10回 10回 5回
4級	1．片足前出しとび 2．方向変換（むずかしい） 3．後ろ側振（後方片手）交差とび 4．後ろかけ足とび 5．後ろかけ足あやとび 6．後ろ腕交差とび 7．方向変換（むずかしい） 8．2重とび	1対2 1対2 1対1 1対1 1対1 2対1	10回 10回 10回 10回 10回 5回
3級	〈持久とび・30秒間〉 1．かけ足とび 2．かけ足あやとび 3．2重とび	 1対1 1対1 2対1	 70回以上 60回以上 30回以上
2級	〈長なわの中での短なわとび〉 1．両足とび 2．片足前とび 3．脚前振とび 4．腕交差とび	 1対2 1対2 1対2 1対2	 10回 10回 10回 10回
1級	〈長なわの中での短なわとび〉 1．両足とび 2．かけ足とび 3．かけ足あやとび 4．2重とび	 1対2 1対1 1対1 2対1	 10回 10回 10回 5回

（注1）　7〜4級までは、フィニッシュ（片足でなわを止める）ができて合格。フィニッシュが失敗すると不合格。
（注2）　2・1級は、長なわの外に出て合格。
（注3）　種目から種目は、完全に連続できないと（間が空くと）不合格。

表6　K高校2年生のなわとび授業の進級表（組み合わせ・連続とび）

段階・級名	種目名	回旋・跳躍	回数
7級	1．両足とび	1対1	8回
	2．脚前振とび	1対1	8回
	3．前振両足とび	1対1	8回
	4．かけ足とび	1対1	8回
	5．かけ足あやとび	1対1	8回
	6．回転とび（片足で）		360度回転
6級	1．側振（前方片手）交差とび	1対2	8回
	2．方向変換（むずかしい）		
	3．片足前とび	1対2	8回
	4．かけ足とび	1対1	8回
	5．後ろ脚前振とび	1対1	8回
	6．後ろ交差とび	1対1	8回
	7．方向変換（むずかしい）		
	8．2重とび	2対1	5回
5級	〈持久とび・30秒間〉		
	1．両足とび	1対1	80回以上
	2．かけ足とび	1対1	80回以上
	3．かけ足あやとび	1対1	70回以上
	4．2重とび	2対1	40回以上
4級	〈2人の出入りとび（短なわ）		
	1．前後移動とび	1対2	往復2回
	2．交互とび	1対2	交互に4回
3級	〈長なわの中での短なわとび〉		
	1．両足とび	1対2	8回
	2．両足とび	1対1	8回
	3．かけ足とび	1対1	8回
2級	〈十字長なわの中での短なわとび〉		
	1．両足とび	1対2	8回
	2．両足とび	1対1	8回
	3．2重とび	2対1	5回
	4．2重あやとび	2対1	5回
1級	〈ダブル・ダッチの短なわとび〉		
	1．かけ足とび	1対2	8回
	2．かけ足あやとび	1対1	8回
	3．かけ足1回転	1対1	360度回転

（注1）　7・6級は、フィニッシュ（片足でなわを止める）ができて合格。失敗すると不合格。
（注2）　4～1級は、跳んでいるなわから外に出て合格。
（注3）　種目から種目は完全に連続させないと不合格。

K高校では、1月末に多摩川の河川敷道路を利用して、男子10km、女子5kmのロードレースを行っていますが、なわとびがこのレースにおける生徒の持久的な準備に大変役立っているようです。また、このなわとび授業のおかげで、部活の練習に入る前や、休憩・自由時間には、生徒たちは相当な練習をしますので、冬の間、生徒たちの体力（瞬発力や持久力、調整力）はかなり高められるものと思われます。

4．都立〇高校のなわとび種目・得点表

O高校では、先のK高校とは異なった別の「なわとび種目・得点表」（表7）を用いた授業を行っています。第1段階は、短なわでの様々な跳び方で、60種目中48種目（表中の・印がついている種目）をクリアすると合格となり、第2段階へ進めます。

第2段階は、先のK高校が行っていた「組み合わせ（連続）とび」です。要領は、先のK高校の場合と同様です。5種目が用意されていますが、A～Dの4種目が必修であり、それが受かると第3段階に進めます。

第3段階は、「持久とび（5種目）」と「スピードとび（4種目）」が用意されています。この中での必修は持久とびが3種目、スピードとびが2種目となっています。すなわち、第3段階では、持久・スピードとびの5種目が合格すれば、第4段階に進むことができます。

第4段階は、これまでの短なわとびから、「二人とび」となります。二人で協力をする15種目の様々な跳び方が用意されています。第4段階合格のためには、この15種目が全部合格しなければなりません。第5段階は、都立K高校でも上級者が行っていた長なわ（1本または2本）の中での短なわとびの組み合わせ（連続）とびです。もちろん、要領は、先のK高校の場合と同じです。

ところで、表には難易度に応じた得点が記載されており、合格した得点を合計していけば「自分の総得点」が分かることになっています。よって、個人での競争はもちろんですが、グループ競争（得点争い）の授業も工夫することができます。そうなれば、さらに楽しいものになるのではないでしょうか。

表7　都立□高校のなわとび種目・得点表

段階	番号	種目名	●印は必修 リズム 回旋跳躍	前まわし 得点	自分	後まわし 得点	自分
第一段階（足の変化1〜14　腕の変化15〜19・20・21　足と腕の混合22〜28　方向変換29・30）	1.	両足とび	1対2	●1		●1	
	2.	両足とび	1対1	●1		●2	
	3.	片足前とび	1対2	●1		●2	
	4.	前後開脚とび	〃	●2		●3	
	5.	ふみかえとび	〃	●2		●3	
	6.	前後開閉とび	〃	●2		●3	
	7.	左右開脚とび	〃	●2		●3	
	8.	片足とび（左・右）	〃	●2		●3	
	9.	片足とび（左・右）	1対1	●2		●3	
	10.	片足横出しとび	1対2	●2		●3	
	11.	前振りとび	〃	●4		●5	
	12.	前振りとび	1対1	●6		●8	
	13.	前振り両足とび	〃	●8		●10	
	14.	かげ足とび	〃	●2		●3	
	15.	交差とび	1対2	●3		●4	
	16.	交差とび	1対1	●4		●5	
	17.	あやとび	1対2	●3		●5	
	18.	あやとび	1対1	●4		●6	
	19.	片手交差とび		●6		●8	
	20.	2重とび	2対1	●10		15	
	21.	3重とび	3対1	30		40	
	22.	ふみかえ交差とび	1対2	●5		●6	
	23.	かけ足交差とび	1対1	●5		●6	
	24.	かけ足あやとび	〃	●7		●8	
	25.	前振り交差とび	〃	●8		●10	
	26.	かけ足2重とび	2対1	15		20	
	27.	片足2重とび	〃	10		15	
	28.	あや2重とび	〃	15		20	
	29.	方向変換（易）	5往復	●5			
	30.	方向変換（難）	〃	●15			

段階		順番	種目名	リズム	回数	得点	自分
第二段階（種目連続とび）	A	1.	両足とび	1対2	10		
		2.	前後開脚とび	〃	〃		
		3.	片足横出しとび	〃	〃	●8	
		4.	前振りとび	〃	〃		
	B	1.	片足前とび	1対2	10		
		2.	ふみかえとび	〃	〃		
		3.	かけ足とび	1対1	〃	●10	
		4.	かけ足あやとび	〃	〃		
	C	1.	両足とび	1対1	10		
		2.	前振りとび	〃	〃		
		3.	前振り両足とび	〃	〃	●15	
		4.	2重とび	2対1	5		
	D	1.	交差とび	1対1	10		
		2.	方向変換（前→後）				
		3.	片足前とび	1対2	10	●20	
		4.	方向変換（後→前）				
		5.	両足とび				
	E	1.	前方片手交差とび		10		
		2.	方向変換（前→後）				
		3.	後方片手交差とび		10	25	
		4.	方向変換（後→前）				
		5.	あや2重とび	2対1	5		

段階	番号	種目名	時間	制限	得点	自分	備考
第三段階 スピードとび1〜5 持久とび6〜9	1.	両足とび（1対2）	3分	60回/分	10		ミス3回迄
	2.	両足とび（1対1）	5分	120〃	15		5回
	3.	かけ足とび（〃）	5分	120〃	15		〃
	4.	前振りとび（〃）	5分	120〃	15		〃
	5.	2重とび（2対1）	100回		30		〃
	6.	両足とび（1対1）	30秒		10		必修は持→3種目ス→2〃
	7.	かけ足とび（〃）	30秒		10		
	8.	かけ足あやとび（〃）	30秒		20		
	9.	2重とび（2対1）	30秒		20		

段階	番号	種目名（1対2）		回数	得点	自分	備考
第四段階（二人とび）	1.	前ならびとび（前まわし）		各20回	5		1〜8と12は組合せを交代して完成とする。
	2.	〃　　　（後まわし）		〃	7		
	3.	後ならびとび（前まわし）		〃	5		
	4.	〃　　　（後まわし）		〃	7		
	5.	横ならびとび（前まわし）		〃	7		
	6.	〃　　　（後まわし）		〃	8		
	7.	縦ならびとび（前まわし）		〃	7		
	8.	〃　　　（後まわし）		〃	8		
	9.	前後横ならびとび			8		
	10.	前・横・後ならびとび（前まわし）		各5×3	12		
	11.	〃　　　（後まわし）		〃	15		
	12.	前後移動とび		各5×4	20		
	13.	交互出入りとび（前まわし）		〃	10		
	14.	〃　　　（後まわし）		〃	12		
	15.	〃　　　（前後）		各5×8	15		

段階		種目名	リズム	回数	得点	自分
第五段階（長短2重とび） 長一短一2重とび	A	1. 両足とび	1対2	10		
		2. 片足前とび	〃	〃	●15	
		3. 前後開脚とび	〃	〃		
		4. 前振りとび	〃	〃		
	B	1. 両足とび	1対2	10		
		2. 両足とび	1対1	〃	●20	
		3. かけ足とび	〃	〃		
		4. 交差とび	1対2	〃		
	C	1. 両足とび	1対2	10		
		2. 方向変換（難）	〃	5往復	25	
		3. 片足前とび	〃	10		
	D	1. 両足とび	〃	10		
		2. かけ足あやとび	〃	〃	30	
		3. 2重とび	2対1	5		
長二短一十字とび	E	1. 両足とび	1対2	10	
		2. 両足とび	1対1	〃	35	
		3. かけ足とび	〃	〃		
		4. 2重とび	2対1	5		
長短2重とび	F	1. 両足とび	1対2	10	
		2. 2重とび	2対1	5	40	
		3. あや2重とび	〃	〃		
複合二短一とび	G	1. かけ足とび	1対2	10	
		2. かけ足あやとび	〃	〃	45	
		3. 回転とび	〃	1回転		

年　　組　　番　氏名

5．T中学・高校のなわとび授業

　T中学・高校は、私学であり6年間の一貫教育がなされています。なわとびが体育の授業で初めて行われたのが、1950年代の半ばでした。なわとびが始められた理由は、やはり、先のK高校の場合と同じ（霜のためグウランド使用が不可能となる）ですが、狭い所でも、運動量が十分に確保でき、変化に富んだ内容があるなわとびの有効性にも着目したわけです。

　現在、なわとびの授業は中学1年・2年・3年生の体育の時間で、3学期に週1回行われています。また、高校でも、3学期に週1回、1年・2年生が行っています。このように全学年がなわとびに取り組んでおり、冬の時期はなわとび一色に染まる光景が校内のあらゆる所で見受けられます。生徒によっては、5年間も継続してなわとびを行うわけですから、名人級の技をこなす者も出てきます。卒業生の思い出話の中にも、しばしばなわとびの授業のことが話題になるほどです。

　その内容は、短なわとびを主体にした内容で、単独技、連続技の習得を中心にして、それぞれの学年が課題を定め行っています。

　授業の進め方は、年度の初め（3年に1回）に配られた「体育手帳」（全140ページ。中・高6年間の体育のカリキュラム、授業内容、指針などが記され、その中の50ページ分がなわとびの授業に関するもの）となわとび練習表（中1、中2）を各自が持ち、それに基づいて、その中に提示された「①教員からの課題」および「②自らの課題」に向けて取り組んでいきます。課題については長年にわたって積み重ねてきたものを、必要に応じて修正しながら学年ごとに提示しているものです。中学1年では全くの初心者（小学校のときに経験している生徒は10％強）に指導するという前提で授業を進めていきます。そこで、なわとびの基本となる単独技（順とび、交差とび、あやとび、側振あやとび）1回旋技を確実に身につけるようにするとともに、基本となる単独技を組み合わせた規定種目（なわとび規定種目表M、L、K）の全員合格を目標におきます。なお、進んだ生徒には2回旋技に積極的に取り組ませるようにします。中学2年・3年では筋力、持久力もついてくる時期でもあり、単独技の2回旋の変化

技の習得を目指すとともに、1回旋の変化技と2回旋技を組み合わせた規定種目（なわとび規定種目表J、I、H、G）に取り組ませます。そして中学2年では規定種目J、I、中学3年では規定種目Hの全員合格を目標にします。また、中学3年では与えられた課題だけでなく、自らが作成した自由種目にも積極的に取り組むことになります（中学2年で自由種目の導入段階での指導を行う）。

　高校では入学時に新たに約40人の新入生を受け入れるため、在来生と異なった課題を与え授業を進めていくことになります。高校1年では単独技の2回旋技の習得とともに、3回旋技への挑戦、規定種目ではG（新高校生H）全員合格、そして自由種目5組以上を課題にしています。高校2年では単独技、自由種目でのレベル・アップを図りながら、規定種目のF（すべて2回旋技で構成されている）合格を目標にして進めていきます。学年毎の課題は以上のようにしていますが、学年に向けての設定とは別に個人に向けた課題の設定があり、その間の調整をしながら、個人個人に中学1年から高校2年までの5年間で、どこまでの技を習得させることが可能なのかを探りながら進めているのが現状です。それではどのようにして授業を進めているのか、時間配当、ねらい、授業展開、指導上の留意点をまとめた進度表、そして実際に使用している「資料」をそえて、以下紹介しておきます。

〈資料〉
1．進度表（87～94ページ）
2．体育手帳抜粋（95～100ページ）
3．なわとび練習表（101～104ページ）

● 第 2 章　なわとびの授業の実際　87

【進度表】　　　　　　　　　　　　　　　　　　　　　　　　　　●中学 1 年

時間	めあて	学習内容	指導上の留意点
中1	導入	なわとびのおもしろさ、歴史、これからの授業の進め方について話す。 基本事項の説明（とびなわの選び方、柄〈グリップ〉の選び方と作り方、なわの長さ、グリップの握り方、腕の位置と動かし方、運動場所、服装と履物、準備・整理運動、基本姿勢、スタートとフィニッシュのし方）。	なわとびの授業を初めて受ける生徒に分かりやすく説明する（それぞれの項目について具体的に話をする）。グループ（4〜6人）を作り活動させる。
2	単独技 （簡単な技）	基本技の練習と説明（練習表使用）。 単独技（両足とび、かけ足とび、あやとび、交差とび）。	別添の練習表（p.101〜104）を使用して進めていく。 初心者の場合、なわは長めにさせる。慣れてきたら、徐々に短くするよう指示する。
3	連続とび （簡単な技）	連続技→2つの技をつなげる。	F（前方回旋とび）の練習と共に、B（後方回旋とび）の練習もできるだけ行うように指示する。
	規定初級挑戦	規定種目 M（両足とびF→かけ足とびF→あやとびF→交差とびF）。 L（両足とびB→かけ足とびB→あやとびB→交差とびB）。	
	方向変換 （転換）	前方回旋とび→後方回旋とび→前方回旋とび。 両足とびF→両足とびB→両足とびF。	方向変換の際もなわの動きを止めないで、技をつなげるようにさせる。 （方法は第1章参照）
	規定中級挑戦	側振あやとび（F・B）の習得。 規定種目K（交差とびB→あやとびB→交差とびF→あやとびF→側振あやとびF）。 規定種目J、I（なわとび規定表参照）の分割練習（2〜4技に分けて）。	単独技の練習の後には、連続して技をつなげる練習をさせる。
4	中級技挑戦 （単独技） 連続技	2回旋技（2回旋、2回旋1回旋あや、1回旋2回旋あや、2回旋2回旋あや、交差2回旋、速あや、速側振あや）。 規定種目H、G、F（なわとび規定表参照）の2〜3種目の連続技の練習。	2回旋の後の1回旋あや、2回旋あやの「あや」は交差とびをさせる。 技の習得に差が出てくるので、個人に合わせた課題を与える。

5 6		定期的に検定をする（どの程度できているか確認しながら進めて行く）。	
7 8	検定	検定は教員が行う（規定種目）。生徒間での検定（単独技については、生徒間で行うこともある。合格したときは確認のサインをしてもらう）。	課題の検定は教員が行う。単独技の検定など、適宜生徒間でできることは自主的な活動として行わせる。規定種目、単独技の総得点を元にして評価をする。
	まとめ	最終的に目標達成できたか、毎時間意欲的に取り組むことができたかを確認。	

＊練習表を生徒全員に持たせて授業を進める。
＊単独技は6跳躍できた場合に合格とする。
＊中学1年は単独技と規定種目を中心に行い、自由種目は中学2年以降に実施する。
＊授業中はグループを編成し、その中でお互いに協力して進めていき、特に、単独技の合否は、グループの中で確認し合うようにする。
＊前後交差、後ろ交差についても身体の柔軟性、関節の可動性が高い年齢のときから行わせるようにする。

【進度表】 ●中学2年

時間	めあて	学習内容	指導上の留意点
1	中学1年の復習	単独技（あやとびF・B、交差とびF・B、側振あやF・B）、連続技（両足とびF→両足とびB）（両足とびB→両足とびF）、規定M、L、Kまでの復習。練習カードを使用して授業を進める。	基本技の復習を兼ねて方向変換（なわを持っている腕の動作を大きく使い、体の向きをすばやく変える）の練習をさせる。あやとび、側振あやとびを中心とした技に慣れるようにする。
	今年の目標	全員がJ以上の合格	
2	2回旋技への挑戦	2回旋技（2回旋、交差2回旋、速あや、速側振あや、1回旋2回旋あや、2回旋2回旋あや、2回旋1回旋あや）。	この時期に2回旋技をしっかり身につけさせる（手首を柔らかく使い、肘を身体からあまり離さないようにさせる）。
3	規定J挑戦 検定	単独技の練習（規定表参照）。分割練習（両足とびF→2回旋1回旋あやF）、（あやとびF→側振あやB→交差とびB）。	単独技と分割練習を、適当に配分して練習させる。生徒全体の進み具合を見て、課題を見つけさせる。
	規定I挑戦 検定	単独技の練習（規定表参照）、分割練習（2回旋とびF→あやとびF→側振あやF）、（交差とびF→かけ足あやB→かけ足交差B）。	
4	自由種目への挑戦	習得した技を5〜7技を組み合わせて、4跳躍ずつ連続して跳ぶ。	自由種目への取り組み。〈わざ一覧・得点表〉を参照して、作成させる。最初は5技を1組とし、それぞれの技に与えられている点数を合計し、得点とする（添付された資料を参照）。
5 6	規定H挑戦	単独技の練習（規定表参照）、分割練習（側振あやB→かけ足あやB→交差とびF）、（かけ足あやF→2回旋1回旋あやF→2回旋F）。	規定種目、自由種目、単独技それぞれの課題の配分を考えて行わせる。体力差、技術差がはっきり出てくるので、個人差に合わせた指示をする。
	上級技への挑戦G、F、E	規定種目G、F、Eの単独技の練習（規定表参照）。分割練習（2〜4技に分けて練習）。	
7 8	超上級技への挑戦	速側振2回旋技、3回旋技の紹介と練習（3〜4時間目位から行う）。	
	検定 まとめ	教員の検定、生徒間の自主的練習および検定。目標達成できたか、毎時間意欲的に取り組むことができたかを確認する。	目標達成度を確認する。

※2回旋を含め2回旋技の習得が大きな目標。全時間を通して、30秒間、2回旋（F、B）の連続回数に挑戦させる。
※体力差、技術差が出てくるので、それぞれに合わせた課題を設定させる。
※どの種目でも前方回旋と後方回旋とびの練習をさせるようにする。

【進度表】　　　　　　　　　　　　　　　　　　　　　●中学3年

時間	めあて	学習内容	指導上の留意点
1	中学1・2年の復習 中学3年間のまとめ	単独技（交差とび系、あやとび系、側振系、1回旋技の完成）。 2回旋技の習得（前方回旋、後方回旋）。 Jの連続技（両足とびF→2回旋1回旋あやF）、（あやとびF→側振あやB→交差とびB）	3年間行ってきた、総まとめとしての位置づけを説明する。 交差、あや、側振系の技を身につけさせる。
	今年の目標	全員がH以上達成。	
	3回旋技挑戦	速側振2回旋F・B、速側振速あやF・B、3回旋F・B、3回旋順順交F・B、3回旋順交交F・B、3回旋順交順F・B、3回旋3回旋あやF・B、交差3回旋F・B等	体力的にも充実してきたので2回旋、3回旋技に積極的に取り組ませる。筋力的にもう一歩の生徒には、後ろ交差とびや側振前後交差とびなどに挑戦させる。
	規定H挑戦	単独技の練習、分割練習（規定表参照）。	前方回旋とびと共に後方回旋とびも練習するようにする。
2	自由種目挑戦	7種目（技）で1組として、自分の得意技を組み合わせて、自由種目に挑戦。	
3	規定G挑戦	単独技（規定表参照）、 分割練習（交差とびB→側振あやB→あやとびF）（交差とびF→2回旋F→2回旋1回旋あやF→速あやF）。	短なわとびのあらゆる要素が盛り込まれている規定種目なので、着実に練習をするように指示する。
4 5	規定F挑戦	単独技（規定表参照）、 分割練習（2回旋F→2回旋1回旋あやF→1回旋2回旋あやF）、 （2回旋2回旋あやF→交差2回旋F→速あやF→速側振あやF）。	規定Fに挑戦するには、2回旋とびを30回連続で跳び続ける持久力が必要であることを認識させる。
6 7	規定E挑戦 規定D、C、B挑戦	単独技（規定Fの技を全て後方回旋で行う）、 分割練習（前半3、後半4技に分けて行う）。 2回旋技での方向変換（かけ足2回旋B→速あやF）の練習。規定D、C、Bの単独技（規定表参照）の練習。 生徒は積極的に取り組む。	規定Fの練習と共に2回旋の後方回旋とびも平行して行うようにする。
8	検定 まとめ	随時行うようにする。 目標達成できたか、毎時間意欲的に取り組むことができたか、1人1人が確認する。 各自に結果を体育手帳に記入させ提出できるようにする。	課題が達成されたか、体育手帳により集計させ、提出させる。

※自由種目に積極的に取り組ませるようにする。中学1・2年の頃は、規定種目を中心にして指導してきた。そこで、習得した技を自由に組み合わせて、自分に合った演技ができるようにする。
※基本技の習得も大切であるが、筋力、持久力がついてくる年齢を考えて、2回旋技や3回旋技に挑戦させるようにする。
※とかく前方回旋とびを好んで行いがちであるが、同時に後方回旋とびにもチャレンジするよう指導する。
※今まで以上に、技術差や体力差が出てくるので、適切な指導、アドバイスをするよう心がける。

〈自由種目の作成方法〉

自由種目の作成例

　技（わざ）一覧・得点表（自由種目用）から技を5～7種目選び作成する。2組目の作成の際は、技の内容を2種目以上入れ替える。技を演技する順序の入れ替えだけではなく、内容（種目）を替える。

順序	得点	種目	順序	得点	種目
1	1	両足とびF	1	1	両足とびF
2	2	交差とびF	2	2	交差とびF
3	10	2回旋とびF	3	2	あやとびF
4	17	速あやとびF	4	10	2回旋とびF
5	15	速側振あやとびF	5	3	両足とびB
6	3	両足とびB	6	15	2回旋とびB
7	15	2回旋とびB	7	15	速側振あやとびB
計	63	印	計	48	印

【進度表】　　　　　　　　　　　　　　　　　　　　　　　　　●高等学校

時間	めあて	学習内容	指導上の留意点
1	導入 中学の復習 課題の提示 （高1）	『新高校生』（初めて経験する生徒には2学期終了時にオリエンテーションを行い、実技指導も実施）。 『在来高校生』（中学で行った復習から入る） 『新高生』（交差とび、あやとび、側振交差とび）方向変換（前方回旋→後方回旋→前方回旋）。 ＊この欄の最後に掲示	課題等の指示を徹底させる。 高1の課題は規定Gを目標とし、H合格を必修とする。 高2の課題は規定Fを目標とし、G合格を必修とする。
	規定Hの合格	規定Hの単独技練習、分割練習（規定表参照）。	
	規定Gの合格	『在来生』規定G単独技練習（交差とびF・B、側振あやB、あやとびF、2回旋F、2回旋1回旋あやF、速あやF）、分割練習（3〜4技に分けて行う）。	
	自由5組以上合格 自由種目の作成	5組以上作成する。5組以上何組でも可。 7技の編成で、1技4跳躍の1組28跳躍からなる。	自由種目の編成は、1組めと2組めの技の内容を2つ以上入れ替える。
2	2回旋技へ挑戦	2回旋および変化技の練習。F（前方回旋）（1回旋2回旋あや、2回旋2回旋あや、速振あや、交差2回旋とび、かけ足2回旋、速側振前後交差）および以上のB（後方回旋）。	2回旋技についても、後方回旋技に積極的に取り組むように指導する。
	3回旋技へ挑戦	3回旋および3回旋技の変化技の練習（F・B）（速側振2回旋、速側振速あや、3回旋、3回旋順順交、3回旋順交交、3回旋順交順、3回旋交順交、3回旋3回旋あや、交差3回旋、かけ足3回旋、速側振前後交差2回旋、速側振前後交差前あや）。	筋力、持久力ともについてくるので、3回旋技に挑戦させる。
	4回旋技へ挑戦	4回旋とび（2回旋、3回旋とびと助走をつけて4回旋に入る）。	跳躍力と手首の速い回転が要求されることを説明する。
3	基本技の復習（規定H、G）	体力差、基本技習熟度に差が出てくるので、それぞれの課題に向けて技に挑む。	1人1人の課題を見つけるよう指示を出す。特に、行きづまっている生徒への取り組みに目を向けるようにする。

時	項目	内容	指導上の留意点
4 5 6	上級技へ挑戦 （F、E、D、C） 規定F挑戦	規定種目F単独技練習 （2回旋F、2回旋1回旋あやF、1回旋2回旋あやF、2回旋2回旋あやF、交差2回旋、速あやF、速側振あやF）。 規定種目Fの分割練習 （3～4技に分けて行う）。	規定種目Fに取り組み始めた生徒には、同時に3回旋技に積極的に挑戦させる。 F、Eは2回旋技の連続なので、2回旋とびを30回こなせるスタミナの必要性を説明する。
	規定E挑戦	規定種目E （規定種目Fの技の後方回旋でつなげる）単独技の練習と分割練習を交互に組み合わせて行うようにする。	後方回旋とびをする際、腕を身体から離さないよう、手首が前方に出過ぎないように注意させる。
	規定D挑戦	規定種目D単独技練習 （1回旋2回旋あやB、2回旋2回旋あやB、速あやB、かけ足2回旋B、速あやF、2回旋2回旋あやF、速側振2回旋F）。 規定種目D分割練習（かけ足2回旋B→速あやFの方向変換）前半3技と後半4技に分けて練習を行う。	規定D、Cは2回旋技の方向変換が入っており、変換の際は手の動作を大きく、すばやく行うタイミングを指示する。
	規定C挑戦	規定種目C単独技練習（3回旋F、速側振2回旋F、2回旋2回旋あやF、かけ足2回旋B、速あやB、2回旋2回旋あやB、速側振2回旋B）、分割練習は前半4技と後半3技に分けて行う。	
7 8	超上級へ挑戦 （B、A）	規定B（なわとび規定種目表参照）の3回旋単独技と分割して連続技の練習。	規定種目B、Aは3回旋技の連続であることから、30回近く続けるパワーと持久力が必要であることを伝える。
	検定	毎時間課題に向けて取り組んでいき、その習得の様子を確認させる。	生徒の進み具合を確認してそれぞれを指導する。
	まとめ 評価	最終的に目標を達成できたか。 毎時間意欲的に取り組むことができたか。	
	課題の提示	高校1年の課題（新高生と在来生で別課題） ①規定種目　G以上（在来生）、H以上（新高生）。 ②自由種目は技一覧表の中から7技を組み合わせ、5組以上合格のこと。 ③単独技の上級技を習得する。 高校2年の課題（全員同じ課題） ①規定種目Fを目標にG以上合格。 ②自由種目5組以上合格。	筋力の弱い生徒には、腕の変化による跳び方、側振前後交差とび、後ろ交差とびなどの変化技を試みるよう助言する。

| | | ③単独技の上級技を習得する。特に、3回旋技へ挑戦する。
〈評価方法について〉
単独技（各々の技の難易度によって点数化がされている）、単独技を組み合せた規定種目（技の点数と、組み合わせの妙味で配点されている）と自由種目（技・一覧表から選び出し作成）の総得点を基本にして評価する。最終的には授業への取り組む姿勢などを加味して総合評価を行う。 | 〈評価〉
総得点ばかりに目を向けず、努力の過程を評価に結びつけるようにする。個人がどの程度伸びたかにも、十分配慮するようにする。 |

※中学3年間で技術の差が大きくなっており、授業を進める上でその個人差を十分考慮しながら進めることが大きな課題となり、1人1人に適切な指導ができるようにする。
※個人個人の課題をはっきりとさせ、その目標に向けて毎時間授業に取り組んでいくように指導する。
※毎時間の課題をはっきり示し、進み具合をチェックする。
※規定種目、自由種目、単独技それぞれの練習をバランスよく行わせる。

第2章 なわとびの授業の実際

【体育手帳抜粋】

⊙ 解　説

a．用　具
1．なわは経4mmのビニール紐を使用し、竹の柄をつけて使用するのが良い。
2．柄の長さは25cmまでとする。
3．なわの長さは個人によって異るが、はじめのうちは立った姿勢で片足の下からひじくらいの長さが良い。

b．テスト
1．テストは毎授業時間中に行い、合格者には担当教師が手帳に捺印する。
2．担当教師以外の捺印は無効である。

c．練習上の注意
1．1回の練習時間は合計30分を超えないこと。
2．疲労した部分は、入浴、マッサージなどによって回復をはかること。

⊙ 表についての解説
1．規定種目、自由種目共に一わざについて、それぞれ4回ずつ跳ぶ。単独わざ合格認定では6跳躍とする。
2．自由種目はわざ一覧表の中から、中1は5わざ、中2以上は7わざを組合わせて作る。
　　新しい自由種目を作る場合、2つ以上のわざを入れかえる。

⊙ わざについての解説

a．なわのまわし方
　腕を大きくまわさず、手首の腰の高さで固定してできるだけ手首でなわをまわすようにする。

b．足の変化について
1．両足とび　両足をそろえたままとぶ
2．かけあしとび　その場でかけ足をしながらとび、なわをとぶごとに足をかえる。

c．腕の交さの仕方について
1．前交さ　体の前面で腕を交さする。手帳には略して、(前)と書いてある。
2．後交さ　体の背面で腕を交さする。手帳には略して、(後)と書いてある。
3．前後交さ　片方の腕は体の前面、他の腕は背面にして、なわを交ささせる。この技は側振から誘導される。

d．なわの方向、及び回旋数
1．前方　なわを前方にまわす、手帳にはF (forward) と書いてある。
2．後方　なわを後方にまわす、手帳にはB (backward) と書いてある。
3．1，2，3，4回旋　1度の跳躍に対して、それぞれ1〜4回なわをまわす。

e．なわの変化
1．順回旋　腕を腰につけて普通にとぶ。
2．交さとび　腕を交さしたままなわをまわす。
3．あや(綾)とび　順回旋と、交さとびを交互に行う。
4．二回旋一回旋あやとび
　　はじめの二回旋は順回旋でとび、あとの一回旋は腕を交さしたままとぶ、これのくり返し。
5．一回旋二回旋あやとび
　　はじめの一回旋は順回旋でとび、あとの二回旋は腕を交さしたままとぶ、これのくり返し。
6．側振あやとび
　　左右交互に連続するなわを一度横に振ってから交さしてとぶ。
7．速側振あやとび
　　なわを横に振った時にはすでに跳躍をしていて側振あやとびを行う。跳躍は二回旋の要領で行う。
　　同じく速側振二回旋、及び速側振三回旋、又は速側振速あや等に発展する。
8．速あやとび
　　一度跳躍しているあいだに順回旋と交さとびを行う、又はこの逆でも良い。
　　同じく三回旋の速あやに、順交順、交順交、順順交、交交順等がある。

f．前方わざ(F)から後方わざ(B)または後方わざ(B)から前方わざ(F)への接続
　いずれも体の向きを180度転向させ縄の動きを途切らせず、また余分な縄の振りを加えずに接続する。

基本単独技（主に中1用）

跳躍数は6跳躍

	わざ		点	年度㊞	年度㊞	年度㊞
1	両足とび	F	1			
2	かけ足とび	F	1			
3	あやとび	F	2			
4	側振あやとび	F	2			
5	交さとび	F	2			
6	側振前後交さとび	F	7			
7	両足とび	B	3			
8	かけ足とび	B	3			
9	あやとび	B	4			
10	側振あやとび	B	4			
11	交さとび	B	4			
12	かけ足あやとび	F	2			
13	かけ足あやとび	B	4			
14	かけ足交さとび	F	2			
15	かけ足交さとび	B	4			

必修単独技

跳躍数は6跳躍

	わざ		点	年度㊞	年度㊞	年度㊞
1	二回旋一回旋あや	F	8			
2	二回旋	F	10			
3	一回旋二回旋あや	F	13			
4	速側振あや	F	15			
5	二回旋二回旋あや	F	15			
6	かけ足二回旋	F	15			
7	交さ二回旋	F	15			
8	速あや	F	17			
9	速側振前後交さ	F	25			
10	二回旋一回旋あや	B	13			
11	二回旋	B	15			
12	一回旋二回旋あや	B	18			
13	速側振あや	B	15			
14	二回旋二回旋あや	B	20			
15	かけ足二回旋	B	20			
16	交さ二回旋	B	20			
17	速あや	B	20			

挑戦単独技

跳躍数は6跳躍

	わざ		点	年度㊞	年度㊞	年度㊞
1	速側振二回旋あや	F	25			
2	速側振速あや	F	35			
3	三回旋	F	40			
4	速綾三回旋順々交	F	50			
5	速綾三回旋順交々	F	60			
6	速綾三回旋交々順	F	70			
7	速綾三回旋順々順	F	70			
8	速綾三回旋交順交	F	70			
9	三回旋三回旋あや	F	55			
10	交さ三回旋	F	60			
11	かけ足三回旋	F	80			
12	速側振前後交さ二回旋	F	50			
13	速側振前後交さ前あや	F	90			
14	四回旋	F	100			
15	両（片）速側振あや	F	110			

挑戦単独技

跳躍数は6跳躍

	わざ		点	年度㊞	年度㊞	年度㊞
1	速側振二回旋あや	B	25			
2	速側振速あや	B	40			
3	三回旋	B	50			
4	速綾三回旋順々交	B	60			
5	速綾三回旋順交々	B	70			
6	速綾三回旋交々順	B	80			
7	速綾三回旋順々順	B	80			
8	速綾三回旋交順交	B	80			
9	三回旋三回旋あや	B	65			
10	交さ三回旋	B	70			
11	かけ足三回旋	B	90			
12	四回旋	B	120			
13	両（片）速側振あや	B	110			

なわとび規定種目表

	配点	1	2	3	4	5	6	7
A	700	B 速側振二回旋	B 三回旋	B 三回旋綾 三回旋綾	B 交さ 三回旋	B 速綾 三回旋 順々交	B 速綾 三回旋 順交	B 速綾 三回旋 順
B	500	F 速側振二回旋	F 三回旋	F 三回旋綾 三回旋綾	F 交さ 三回旋	F 速綾 三回旋 順々交	F 速綾 三回旋 順交	F 速綾 三回旋 順
C	400	F 三回旋	B 速側振二回旋	F 二回旋綾 二回旋綾	F かけ足 二回旋	B 速綾	B 速側振 二回旋綾	B 三回旋
D	200	B 一回旋 二回旋綾	B 二回旋 二回旋綾	B 速綾	B かけ足 二回旋	F 速綾	F 速側振 二回旋綾	F 三回旋
E	150	B 二回旋 一回旋綾	B 二回旋 二回旋綾	B 一回旋 二回旋綾	B 二回旋綾	B 交 さ	B 速	F 速側振綾 二回旋
F	100	F 二回旋 一回旋綾	F 二回旋 二回旋綾	F 一回旋 二回旋綾	F 二回旋綾	F 交 さ	F 速	F 速側振綾
G	75	B 交さとび	B 側 振 綾とび	B 綾とび	B 交さとび	B 二回旋綾	B 二回旋 一回旋綾	B 速 綾
H	60	B 側 振 綾とび	B かけ足 綾とび	B 交さとび	B かけ足 綾とび	B 二回旋	B 二回旋 一回旋綾	
I	50	F 二回旋 と び	F 綾とび	F 側 振 綾とび	F 交さとび	F かけ足 綾とび	F かけ足 交さとび	
J	40	B 両足とび	B 二回旋 一回旋綾	B 綾とび	B 側 振 綾とび	B 交さとび		
K	30	B 交さとび	B 綾とび	B 交さとび	B 綾とび	B 側 振 綾とび		
L	20	B 両足とび	B かけ足 と び	B 綾とび	B 交さとび			
M	10	F 両足とび	F かけ足 と び	F 綾とび	F 交さとび			

合格捺印欄

氏名 _____

	年度	年度	年度	年度
学年	年	年	年	年
A				
B				
C				
D				
E				
F				
G				
H				
I				
J				
K				
L				
M				

わざ一覧・得点表 (自由種目用)

基本	一回旋		二回旋		三回旋		四回旋	
順回旋	両足とび	(F 1点 / B 3点)	二回旋とび	(F 10点 / B 15点)	三回旋とび	(F 40点 / B 50点)	四回旋とび	(F 100点 / B 120点)
	かけ足とび	(F 1点 / B 3点)	かけ足 二回旋とび	(F 15点 / B 20点)	かけ足 三回旋とび	(F 80点 / B 90点)		
(前)交さとび	交さとび	(F 2点 / B 4点)	交さ二回旋	(F 15点 / B 20点)	交さ三回旋	(F 60点 / B 70点)	交さ四回旋	(F 150点 / B 170点)
	かけ足 交さとび	(F 2点 / B 4点)	かけ足 交さ二回旋	(F 20点 / B 25点)	かけ足 交さ三回旋	(F 110点 / B 120点)		
(後)交さとび	両足とび	(F 12点 / B 22点)	交さ二回旋	(F 30点 / B 50点)	交さ三回旋	(F 120点 / B 150点)		
	かけ足 交さとび	(F 14点 / B 24点)	かけ足 交さ二回旋	(F 40点 / B 60点)				

基本	一回旋		二回旋		三回旋		四回旋	
(前) 綾とび	綾とび	(F 2点 B 4点	二回旋 一回旋綾	(F 8点 B 13点	三回旋 二回旋綾	(F 35点 B 40点	四回旋 三回旋綾	(F 95点 B 110点
	かけ足 綾とび	(F 2点 B 4点	一回旋 二回旋綾	(F 13点 B 18点	二回旋 三回旋綾	(F 40点 B 45点	三回旋 四回旋綾	(F 110点 B 125点
			二回旋 二回旋綾	(F 15点 B 20点	三回旋 三回旋綾	(F 55点 B 65点	四回旋 四回旋綾	(F 140点 B 160点
(後) 綾とび	綾とび	(F 12点 B 22点	二回旋 一回旋綾	(F 17点 B 30点				
	かけ足 綾とび	(F 14点 B 24点	一回旋 二回旋綾	(F 20点 B 33点				
			二回旋 二回旋綾	(F 30点 B 45点				

基本	一回旋	二回旋		三回旋		四回旋	
(前) 速綾とび		速綾とび	(F 17点 B 20点	速綾三回旋 順順交	(F 50点 B 60点	速綾四回旋 順順順交	(F 110点 B 120点
		かけ足 速綾とび	(F 20点 B 23点	〃 順交交	(F 60点 B 70点	〃 順順交交	(F 120点 B 130点
				〃 順交順	(F 70点 B 80点	〃 順交交交	(F 130点 B 140点
				〃 交順交	(F 70点 B 80点	〃 順交交順	(F 135点 B 145点
(後) 速綾とび		速綾とび	(F 40点 B 55点	順順交	(F 120点		
		かけ足 速綾とび	(F 45点 B 60点	〃 順交交	(F 140点		
				〃 順交順	(F 160点		

基本	一回旋	二回旋	三回旋	四回旋
(前)側振綾とび	側振綾とび (F 2点 / B 4点)	速側振綾とび (F 15点 / B 15点)	速側振二回旋綾 (F 25点 / B 25点)	速側振速綾交交交 (F 70点 / B 70点)
		かけ足速側振綾 (F 17点 / B 17点)	かけ足速側振二回旋綾 (F 27点 / B 27点)	〃 交交順 (F 75点 / B 80点)
			速側振速綾 (F 35点 / B 40点)	〃 交順順 (F 80点 / B 80点)
			かけ足速側振速綾 (F 45点 / B 50点)	〃 交順交 (F100点 / B100点)
			速側振前綾前後交さ (B 50点)	両(片)速側振綾 (F110点 / B111点)
				速側振二回旋前後交さ (B130点)
				速側振速綾前後交さ (B135点)
(後)側振綾とび	側振綾とび (F 10点 / B 20点)	速側振綾 (F 40点 / B 50点)		
		かけ足速側振綾 (F 50点 / B 60点)		

基本	一回旋	二回旋	三回旋	四回旋
前後交さ	側振前後交さ (F 7点 / B 10点)	速側振前後交さ (F 25点 / B 30点)	速側振前後交さ二回旋 (F 50点 / B 60点)	速側振前後交さ三回旋 (F130点 / B150点)
		かけ足速側振前後交さ (F 30点 / B 35点)	〃 順回旋 (F 70点)	両速側振前後交さ (F180点 / B190点)
			〃 前交さ (F 90点)	速側振前後側振前後交さ(両側振) F180点
			かけ足速側振前後交さ二回旋 (F 50点 / B 60点)	〃(片側振) (F180点 / B200点)
			〃順順回旋 (F 85点)	速側振前後交さ順二回旋 (F150点 / B170点)
			〃 前交さ (F100点)	速側振前後交さ前交さ二回旋 (F160点 / B180点)
				速側振前後交さ前速綾 (F160点 / B180点)

記 録 集 計 欄

( )年度　年　組　番　氏名

	要　求	合格内容	得　点
規定			点
自由			点
単独わざ			点
		総得点	点
			印

( )年度　自由種目組合せ表および合格捺印欄

(例)

順点	1	2	3	4	5	6	7	計
点	1	2	10	17	15	3	15	63
種目	両足とびF	交さとびF	二回旋とびF	速綾とびF	速側振綾とびF	両足とびB	二回旋とびB	印

順点	1	2	3	4	5	6	7	計
点								
種目								印

【なわとび練習表】

1年　　組　　番　氏名（　　　　　　　　　　）

今年の目標

15級（両足とび技）

わざ名	得点
1．両足とびF	1
2．かけ足とびF	1
3．両足とびB	3
4．かけ足とびB	3

14級（交さ技）

わざ名	得点
1．あやとびF	2
2．あやとびB	4
3．交さとびF	2
4．交さとびB	4

	合格印
15	
14	

注：全て6跳躍

13級（2つの技をつなげる）

わざ名	得点
1．両足とびF〜かけ足とびF	2
2．あやとびF〜交さとびF	4
3．両足とびB〜かけ足とびB	6
4．あやとびB〜交さとびB	8

	合格印
13	
12	

12級（規定M、L）

	わざ名	得点
M	両足とびF〜かけ足とびF〜あやとびF〜交さとびF	10
L	両足とびB〜かけ足とびB〜あやとびB〜交さとびB	20

11級（側振技に挑戦）

わざ名	得点
1．側振あやF	2
2．側振あやB	4

	合格印
11	
10	

10級（前→後、後→前へとつなげる）

わざ名	得点
1．両足とびF〜両足とびB	4
2．両足とびB〜両足とびF	4
3．あやとびB〜交さとびF	6
4．あやとびF〜側振あやB	6
5．交さF〜かけ足あやB	6

9級（規定Kの分割練習）

わざ名	得点
1．交さとびB〜あやとびB〜交さとびF	20
2．あやとびF〜側振あやF	10

	合格印
9	
8	

8級（規定K）得点30

7級（2回旋技に挑戦）

わ ざ 名	得 点
1．2回旋F（1回）	5
2．2回旋F（2回）	6
3．2回旋F（6回）	10
4．2回旋1回旋あやF（6跳躍）	8

6級（規定Jの分割練習）

わ ざ 名	得 点
1．両足とびF〜2回旋1回旋あやF	20
2．あやとびF〜側振あやB〜交さとびB	20

5級（規定J）得点40

4級（規定Iの分割練習）

わ ざ 名	得 点
1．2回旋F〜あやとびF〜側振あやF	25
2．交さとびF〜かけ足あやB〜かけ足交さB	25

3級（規定I）得点50

2級（規定Hの分割練習）

わ ざ 名	得 点
1．側振あやB〜かけ足あやB〜交さF	30
2．かけ足あやF〜2回旋1回旋あやF〜2回旋F	30

1級（規定H）得点60

初段（規定Gの分割練習）

わ ざ 名	得 点
1．交さとびB〜側振あやB〜あやとびF	30
2．交さとびF〜2回旋F〜2回旋1回旋あやF〜速あや(2重あや)	40

2段（規定G）得点75

3段（規定Fの分割練習）

わ ざ 名	得 点
1．2回旋〜2回旋1回旋あや〜1回旋2回旋あや	40
2．2回旋2回旋あや〜交さ2回旋〜速あや〜速側振あや	60

4段（規定F）得点100

	合格印
7	
6	

	合格印
5	
4	
3	

	合格印
2	
1	
初段	

	合格印
2段	
3段	
4段	

	1年	2年	3年
総得点			

【なわとび練習表】

2年　　組　　番　氏名（　　　　　　　　　　）

【復習】

わざ名	得点
1．両足とびF～両足とびB	4
2．両足とびB～両足とびF	4
3．あやとびF	2
4．あやとびB	4
5．交さF	2
6．交さB	4
7．側振あやF	2
8．側振あやB	4

2回旋F（30秒間連続回数）

回	回	回	回	回

2回旋B（30秒間連続回数）

回	回	回	回	回

	1	2	3	4	5	6	7	8	合計得点
合格印									点

7級（2回旋技に挑戦）

わざ名	得点
1．2回旋F（1回）	5
2．2回旋F（2回）	6
3．2回旋F（6回）	10
4．2回旋1回旋あやF（6跳躍）	8

6級（規定Jの分割練習）

わざ名	得点
1．両足とびF～2回旋1回旋あやF	20
2．あやとびF～側振あやB～交さとびB	20

5級（規定J）得点40

4級（規定Iの分割練習）

わざ名	得点
1．2回旋F～あやとびF～側振あやF	25
2．交さとびF～かけ足あやB～かけ足交さB	25

3級（規定I）得点50

2級（規定Hの分割練習）

わざ名	得点
1．側振あやB～かけ足あやB～交さF	30
2．かけ足あやF～2回旋1回旋あやF～2回旋F	30

1級（規定H）得点60

	合格印
7級	
6級	
5級	
合計得点	

	合格印
4級	
3級	
2級	
1級	
合計得点	

【昨年　　段　　修得者はここから開始】

2年　　組　　番　氏名（　　　　　　　　　）

初段（規定Gの分割練習）

わ ざ 名	得　点
1．交さとびB～側振あやB～あやとびF	30
2．2回旋F～2回旋F～2回旋1回旋あやF～速あや（2重あや）	40

	合格印
初段	
2段	
3段	
4段	
合計得点	

2段（規定G）得点75

3段（規定Fの分割練習）

わ ざ 名	得　点
1．2回旋～2回旋1回旋あや～1回旋2回旋あや～	40
2．2回旋2回旋あや～交さ2回旋～速あや（2重あや）～速側振あや	60

4段（規定F）得点100

【必修単独技　F】

1	2回旋1回旋あや	8
2	1回旋2回旋あや	13
3	2回旋2回旋あや	15
4	速側振あや	15
5	かけ足2回旋	15
6	交さ2回旋	15
7	速あや（2重あや）	17

合格印	1	2	3	4	5	6	7
					合計得点		

【必修単独技　B】

1	2回旋1回旋あや	13
2	1回旋2回旋あや	18
3	2回旋2回旋あや	20
4	速側振あや	15
5	かけ足2回旋	20
6	交さ2回旋	20
7	速あや（2重あや）	20

合格印	1	2	3	4	5	6	7
					合計得点		

5段（規定E）得点150

記録集計欄

合格最高級	総得点
	印

第3章
なわとびの運動特性と魅力

> 本章では、なわとびの運動特性・魅力というものを、その起源や歴史から、さらには運動強度やバイオメカニクス（生体力学）の面などから探ってみることにしますが、本章の内容は、これまで出版されたなわとびの本にはほとんど見られなかったものだと言えます。本章を読んでいただけたなら、なわ1本による一見単純そうな運動が、こんなにも複雑で奥深く、しかも興味深いものであるということをお分かりいただけるものと思います。

1．なわとびの起源と歴史

(1) 定かでないなわとびの起源

なわとびは、洋の東西を問わず、子供の遊びとしてよく知られているということなのですが、どうもその起源については、残念ながらはっきりしていないようです。

外国においては、イギリスでは古くから、ある地方において、ホップの蔓（つる）を用いて、なわとびにうち興じたということが文献に触れられているようですが、残念ながらその年代は不明です。また、ドイツの体育指導者であったグーツムーツ（1759〜1839）は、1793年に著した著名な書である『青少年のための体操』の中で、なわとび専用のロープ、グリップの材質や構造などについて詳しく述べるとともに、このグリップがすでにイギリスにおいて考案されていたと述べていることからすると、18世紀末頃のイギリスにおいては、すでに、なわとびがかなり本格的に行われていたものと思われます。さらには、17世紀の中頃、スイスに住んでいたマイヤーという銅版画家が、短なわとびに親しんでいる子どもを彫ったものがあるということですので、それ以前から、なわとびが子供の遊びとしてすでに行われていたということになります。このように見てみますと、ヨーロッパにおけるなわとびの起源は、はっきりとは断定できず、中世であったかも知れないし、近代になってからであったかも知れないと言わ

ざるを得ないのです。

　いっぽう、日本においてはどうでしょうか。日本のなわ（藁縄）は、縄文式時代から存在したはずですし、実際『古事記』には"尻久米縄"とあり、『日本書紀』には"端出之縄"とあります。また、『倭名類聚録』や『箋注倭名類聚録』、『倭訓栞』には"早縄"や"腰縄"、"火縄"や"細縄"というなわの言い方が示されています。こうしてみますと、なわは古代から、生活必需品として使用されていたことは間違いないようですので、なわ（縄）が存在した古代から、子供たちは、それを使用したなわ遊びやなわとびをしたのではなかろうかと想像するのは、通常ならば自然なことではないでしょうか。

　しかしながら、例えば、『守貞漫稿（慶応3年出版）』という天保時代からの江戸時代の生活の記録を28巻にまとめた中の、遊戯の項には、なわとび遊びは記録されていませんでしたし、NHKの「お江戸でござる」という番組のスタッフに問い合わせて調べてもらったのですが、なわとびについての記録や文献は、見当たらなかったということでした。

　ここで、有力となるのが、相馬大の説です。それは「縄跳びの縄は、神聖な稲藁でできている。縄をなうということは、手をあわせてない、祈りに満たされたものである。その縄を踏みつけたり、踏み越える遊びを、日本のかつての子どもはしなかったと思う。それに、日本の子どもの服装からすると、男の子ならいいとしても、女の子の遊びになると考えにくい」（山市孟ら、『リズムなわとび』不昧堂、1981、p.10）というものです。この説に基づくと、江戸時代までは、なわとびが子どもの遊びとして行われなかったということになり、日本のなわとびの起源は、近代の明治時代になってからということになるのでしょうか。いずれにしても、なわとびの起源は"定かでない"というのが、どうやら結論となりそうです。

⑵　遊びとしてのなわとび

　先の⑴で述べたヨーロッパ（イギリスなど）のように、なわとびが子供の遊びとして行われるようになったことについては、間違いないと思われます。

　わが国においては、藁縄が出現する前に、すでに"つた"を用いて、子供たちが遊びとしてなわとびを行ったのではないかという想像もなされてはいます

大波小波

大波 小波で……なわに入った人は、左右にゆれるなわをとびこします。
ぐるりと まわして……なわが回転します。
ネコの目……回っているなわを片足でとめ、またいで終わり。

おじょうさんおはいり

おじょうさん
　おはいり
ありがとう
さあ　おいで
じゃんけんぽん
あいこでしょ
まけた　おかたは
おでなさい

……名前をよばれたら、先にとんでいる人のところへ入って、いっしょにとびながらじゃんけんをします。負けた人だけが、なわから出ていきます。

郵便屋さん

郵便屋さん　落としもの
ひろってあげましょ
1まい　2まい
3まい　4まい
5まい
ありがとさん

……ここで1回ずつしゃがんで、地面に手をつきます。5まいひろえばなわから出ます。

図2　なわとび歌とそのとび方（『遊び図鑑』－いつでも どこでも だれとでも－、奥成 達 文・ながたはるみ 絵、福音館書店、1987、pp.124-126．より）

が、なわとびは「子どもの間で広く親しまれてきたもっとも中心的な遊びで、明治時代から数ある子どもの遊びの中でつねに上位の人気を占めてきた運動である」(阪田尚彦ら編、『学校体育授業事典』大修館書店、1995、p.245) というのが確かなところでしょう。そして、遊びとしては、"わらべ唄"に合わせて跳ぶ長なわとびがよく知られているものです。

『遊び図鑑』(奥成達・ながたはるみ、福音館書店、1987) によりますと、「長いなわを使って大勢で遊ぶ"大勢とび"をするときのために「なわとび歌」があります。「なわとび歌」は日本中数多くあります。なわとびは、失敗しないで続けてとぶということが大事ですから、歌に合わせて、みんなでそろってとぶのです。」と述べられています。なわとび歌の代表としては、「大波小波」、「おじょうさん、おはいり」、「郵便屋さん」がよく知られていますが、参考までに、『遊び図鑑』に記載されているこの3つの代表的な「なわとび歌」のイラストと跳び方について示しておきます (図2)。現在では、この「なわとび歌」による長なわとび (遊び) は、街中では全くその光景を見ることがなくなりましたが、小学校の体育の教材 (動きづくりの1つ) として取り入れられたり、また休憩時間や昼休みに、校庭で、子どもたちが行っているのを見たりすることがあります。

ところで、長なわとびについては、グーツムーツが1793年に著した『青少年のための体操』の中で、その運動内容がかなり詳細に述べられているそうですから、明治時代に入り、この内容がわが国に伝えられたのをきっかけとして、やがて、わが国の"わらべ唄"と一緒になり、わが国独特の「なわとび歌」による長なわとび (大勢とび) ができ上がっていったものと推察されます。

(3) 教材としてのなわとび

山市孟は、グーツムーツが『青少年のための体操』において、当時のドイツの代表的な遊びであったと思われるなわとびの教材化を試みているとし、表8のなわとびの教材を示しています。この表から分かることは、グーツムーツが、すでに、技能の難度を考慮し、なわとびのやさしい跳び方から難しい跳び方に並べているということです。

さらに、山市は、シューピース (1810〜1858) が『学校体操教本』において、

表8　グーツムーツのなわとび教材（山市孟、1981年による）

(1)簡単な前まわしとび
(2)簡単な後まわしとび
(3)走りながらの前まわしとび
(4)ステップを踏んでとぶ（前振りとび）
(5)あやとび（前まわし、後まわし）
(6)前まわしとび、あやとび、二重とび（1回）の組み合わせ
(7)(6)を走りながら
(8)(6)を後まわしで
(9)(6)をステップを踏んで
(10)交差とび（腕を交差したままで跳ぶ）
(11)走りながらの交差とび
(12)二重とび
(13)あや二重とび（はやぶさとび）
(14)交差二重とび
(15)前まわしとびと後まわしとびと動きをとめないでスムーズに跳ぶ

やはりなわとびの教材について示していると述べています。山市によると、シューピースのなわとび教材は、「個人技能から集団技能への発展を考慮している点が特色である」と述べるとともに、「年齢段階に応じた教材の配列、ダンスステップを活用したり、運動のリズムや拍子を変えたりして、身体に見合う運動効果をもたらそうとした発想は高く評価してよいと思う」（以上、山市孟ら、『リズムなわとび』不昧堂、1981、p.16）と述べています。

ところで、本書の著者の1人である榎木は、数年前にヨーロッパへ旅行した際、ドイツ、イギリス、スウェーデン、ノルウェーの体育では、ほとんどなわとびが扱われていないことを確認していますが、19世紀には学校で行われていたなわとびが、いつから、どうして無くなっていったのかは不明です。

ところで、『遊びの大事典』（東京書籍、1986）によれば、わが国の場合は、明治5年に学制が敷かれて間もない頃から、遊戯教材の1つとして、なわとびが爆発的に行われるようになったと述べられています。また、明治37年に設立された「体操遊戯調査委員会」は、その報告書の中で、学校の課外運動として

第3章 なわとびの運動特性と魅力

指導上の留意点

- 子どもたちの自由な活動にまかせ、とび方は指導しない。
- 一つのとび方ができたとするめやすは、1人1回グループ全員つづけてとべればよいとする。

〈むかえなわ・かぶりなわのスモールステップ〉

①遮断機くぐり抜け

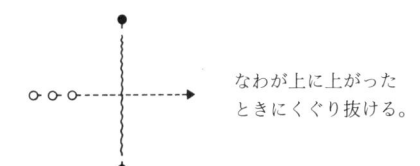

なわが上に上がったときにくぐり抜ける。

②遮断機またぎこし

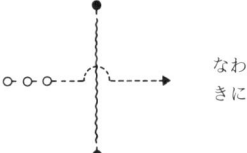

なわが下に下りたときにまたぎこす。

③かぶりなわくぐりぬけ

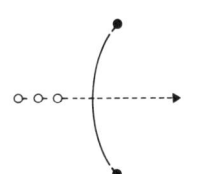

1人でかぶりなわをくぐりぬける

④むかえなわとび

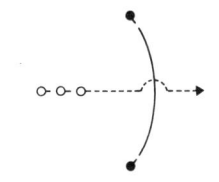

むかえなわをとんでぬける。

- できるようになったとび方を学習カードに書き入れて、学習の成果を確かめさせる。

〈発達したとび方の例〉

①2本交差（十字）
かぶりなわくぐりぬけ

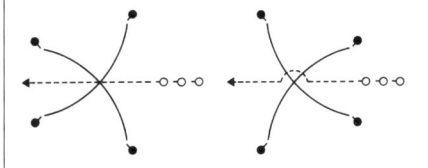

②2本交差（十字）
むかえなわとび

2本のなわを十字にし、同時にまわす。両方のなわに対し、かぶりなわの状態でくぐりぬける。

2本のなわを十字にし、同時にまわす。両方のなわがむかえなわの状態でとびこす。

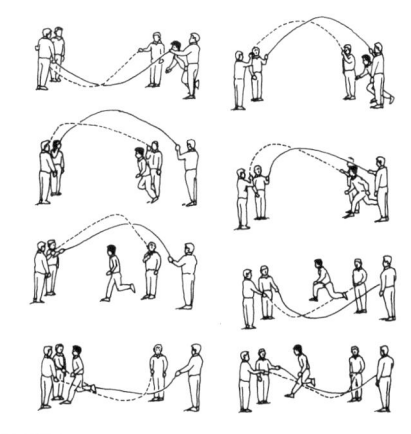

[用語]

かぶりなわ
とび手がなわに入る際に、なわが上方からかぶってくるような、なわの動きを「かぶりなわ」という（短なわとびの後方回旋に一致する）。

むかえなわ
なわがとび手に対し、足の下から向かってくるような、なわの動きを「むかえなわ」という（短なわの前方回旋に一致する）。

内まわし・外まわし
2本のなわを平行にまわす際に、なわが上方最高点の位置に達したときに、お互いに内側に回旋する運動を内まわしといい、その逆に回旋する運動を外まわしという。

図3-1　「用具を操作する運動」における"長なわとびを楽しもう"の授業づくりの例
（『学校体育授業事典』大修館書店、1995、pp.246-247. より）

○なわを操作する運動〈例〉
■ 短なわを使って

（もとになる動き）	（視点）	（予想される動きの工夫）
1回旋1跳躍や1回旋2跳躍で順とびや交差とびをつづけてとぶ。〈動きの工夫〉	なわのまわし方	・順とびと交差とびを交互にしてとぶ。 ・サイドで1回まわしてから腕を交差してとぶ。 ・後ろまわしでとぶ。 ・2重まわしでとぶ。 ・2重まわしと1回旋とびを交互にしてとぶ。 ・2重まわしと1回旋交差とびを交互にしてとぶ。
	移動や足の動かし方	・1回旋2歩走（1歩、3歩）でとぶ。 ・かけ足しながらとぶ（その場で）。 ・スキップをしながらとぶ。 ・前後左右に足を開いたり閉じたりしてとぶ。 ・ステップ-ホップをくり返してとぶ。 ・ギャロップしながらとぶ。

■ 2人組みで短なわを使って

（もとになる動き）	（視点）	（予想される動きの工夫）
向かい合って2人で順とびをする。〈動きの工夫〉横並びで、腕を組んで。	ならび方	・たて並びでまわす人のうしろ（同じ方向、背中合わせ、横向き、方向をかえながら）に入ってとぶ。 ・横並びで、腕を組んだり、肩を組んだりしてとぶ。 ・2本のなわを2人で持って（右手どうし、左手どうしでなわをもつ）横並びでとぶ。
	移動やとび方	・前に入ったり、腕を組んだりして走りながらとぶ。 ・前に入ったり、腕を組んだりしてスキップしながらとぶ。 ・横並びで、1人が外へ出たり入ったりしながらとぶ。（まわす人ととぶ人を交代しながら）

■ 長なわを使って

（もとになる動き）	（視点）	（予想される動きの工夫）
なわが上方からかぶってきたり足の下から向かってくるなわをとんでぬける。〈動きの工夫〉	とび方やまわし方	・上方からかぶってくるなわを1回（数回）とんで反対側やもとの方向へぬける。 ・足の下から向かってくるなわを1回（数回）とんで、反対側やもとの方向へぬける。 ・半回転（1/4回転）しながら数回とんでぬける。
	なわの数をふやしたとび方	・2本（3本）連続でくぐりぬけたり、とびこしたりする。 ・2本のなわを十字にして、くぐりぬけたり、とびこしたりする。
	短なわ（用具）を使ったとび方	・長なわが回っている中で、短なわの順とびや交差とびをする（ほかのとび方、いろいろな向きでとぶ）。 ・長なわをとびながら、とんでいない外にいる人とボールをパスしあう。 ・長なわをとびながら、ボールをパスしあう。 ・長なわをとびながら、ボールをつく。

図3-2 「用具を操作する運動」でのなわとび運動の例
（『学校体育授業事典』大修館書店、1995、pp.520-521．より）

奨励すべき遊戯として、競争遊戯、相撲、徒競走、球投げ、毬つき、羽根つき、そしてなわとびなどを紹介していますが、なわとびは、おそらくドイツの学校教材を参考にしたものと思われます。なお、師範学校や高等女学校の体操用具の備品目録に、なわとびが入っているのは、なわとびが女子に適した運動として考慮されていたことを意味するものでしょう。

　大正2（1913）年には、陸軍と文部省が合同で、「学校体操教授要目」を発布しますが、この中では、なわとびは競争遊戯の1つとして、小学校2年生向けに採用されています。

　戦後の教育（体育）では、学習指導要領が大改訂される中、昭和20年代においては、高校にも体操分野の中でなわとびが紹介されています。もちろん、中学校や小学校にもなわとびが取り上げられていたのですが、昭和30年代に入ってからの学習指導要領では、高校でのなわとびは削除されています。さらに、昭和40年代に入ると、今度は中学校のなわとびも、中心的教材として取り扱われなくなってしまい、現行の中学校学習指導要領（平成10年告示）解説でも、「動きを持続する能力を高めるための運動」として、「走やなわとびによって」と例示されるのみにとどまっています。なお、最近の小学校におけるなわとびは、用具を操作する運動（遊び）や体力を高める運動の1つとして、短なわとび・長なわとびが取り上げられています。図3－1・2を参照してください。

　なわとびの種々のすばらしい効果を考えるとき、またあれほど夢中になって種々の跳び方に挑戦する児童・生徒たちの姿を見続けているわれわれ著者にとっては、なわとびがどうして体育教材として粗末に扱われるのか、不思議でならないのです。

(4) ある1冊のなわとびの本から

　昭和28（1953）年、福岡学芸大学（現福岡教育大学）の山内日吉助教授が『リズム縄跳び』（体育の科学社）という本（次ページ表紙写真参照）を著していますが、この本からは、なわとびの魅力とおもしろさが実にふんだんに読み取れます。この著書の推薦の言葉は、東京教育大学（現筑波大学）の野口源三郎名誉教授が述べていますが、その冒頭は、「縄跳びが学校体育の教材として掲げられ、同時に多人数でも、団体としても実施が出来、健康の増進は言うに

及ばず、精神的にも、情緒的にしてもリズミカル、又安全で安価、しかもレクレーションとして、且つ社会的性格の育成にも大なる役割をもつにも拘らず、その割に、教材の価値が高く評価されていなかったことは、洵におしき次第である。(筆者らが現代仮名遣いに改めた)」と述べながら、この本が多くの跳び方例を示していることに触れ、この本が「この様に多くの内容をもち、しかも誰もが楽しめるものから、高度の技術を要するもの、強度の修練をなす方法など、種々あることを了解出来ると思う。(筆者らが現代仮名遣いに改めた)」と述べています。

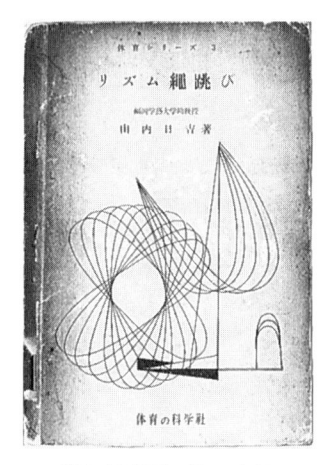

『リズム縄跳び』の表紙

　ところで、この本の第2章は「体育運動としての縄跳び」について述べられていますが、なわとびは、身体を均整かつ調和的に発達させる、内臓諸器官を強化向上させる、基礎的な運動能力を身につけさせる、調整力を発達させる、なわの動きに応じて敏速かつ正確に判断しそれに応ずる能力を発達させる、社会生活に必要な態度を発達させる、安全能力について理解させその向上を図る、余暇を利用して進んで縄跳びを楽しむ態度を養う、縄を大切に取り扱い、整理するなど、良き躾を与えるという9つの効果・効用を上げています。

　この本には、題名のとおり、音楽に合わせて跳ぶ「リズム縄跳び」について触れている他、数々の跳び方について紹介されていますが、すでに難度の高い、「二條内（外）回旋通過なわとび」や「二條内（外）回旋なわとび（＝今で言う"ダブル・ダッチ"のこと）」、「二條内（外）回旋の短なわとび」までが紹介されていますので、この頃には、すでに現在行われている跳び方のほとんどが行われるようになっていたと考えられます。やや滑稽なのは、平均台上なわとび、なわとび腕立て前方転回、ハードルなわとびなどちょっとユニーク過ぎる跳び方が、写真で紹介されていることなのですが、これは著者（山内）が日本体操選手権者（昭和7年）であり、非常に器用であったからでしょうが、それにしても、短なわとびの新しい跳び方として、本気で紹介したのでしょ

か？

なお、この本の主要参考文献には、『縄跳び運動』（野口源三郎著）、『新しい縄跳び百種』（平岩雄一著）、『縄跳び運動』（浅川正一著）、『縄跳び遊戯』（出口村次郎著）が挙げられていることからしますと、戦後間もない頃、なわとびについての教材化や教材研究はかなり行われていたことが分かります。

(5) エアロビクス・ブームとなわとび

エアロビクス（aerobics）という語は、「aerobe（＝好気性微生物)」から用いられたものですが、このエアロビクスを世界的に広めたのが、アメリカの医師であるケネス・クーパーという人です。クーパーは、1970年に『Aerobics』という本を著しますが、この本は世界各国で翻訳され、1200万部を売るという大ベストセラーとなります。と同時に、アメリカはもとより、世界や日本にエアロビクス・ブームを引き起こすことになったのです。なお、この本の日本語版は、1972年に、広田公一・石川旦共訳によって出版されています。クーパーによれば、エアロビクスとは、「十分に長い時間かけて心臓や肺を刺激し、身体内部に有益な効果を生み出すことのできる運動を言う。走ったり、泳いだり、自転車に乗ったり、あるいはかけ足をしたりすることは、典型的なエアロビクス運動である」と述べています。今日では、エアロビクス運動の効果として、酸素摂取能力が高まる（スタミナがつく）、呼吸や心筋の効率が改善される、赤血球や血流量が増加する、血圧が下がる、筋持久力が増す、コレステロールなどの血清脂質が減る、HDL（善玉）コレステロールが増えて動脈硬化を予防する、精神的ストレスを発散させるなど、多くの効果が認められています。

さて、こうしたエアロビクス・ブームが起こり、エアロビクス効果が認められていく中、なわとび運動も当然ながら、エアロビクス運動として注目されたと同時に、国内・外において、なわとびの運動強度に関するものや生理学的効果についての諸研究結果が報告されたり、またなわとびの様々な跳び方を紹介した書籍が出版されたりしました。手元に2冊の本（次ページ写真参照）があります。その1冊は、1978年に、アメリカとイギリスで出版された"Jump into Shape"（Sidney Filson and Claudia Jessup, Franklin Watts, Inc.）という本

です。もう1冊は1977年に日本で出版された『5分間なわとび健康法』(榎木繁男、講談社) という本です。両書とも、なわとびの運動強度と生理学的効果やダイエット (減量) 効果に注目するとともに、なわとびの行い方や跳び方について紹介した好書と言えます。

　最近では、街中などをジョギングやウォーキングをする中高齢者が増えていますが、なわとびをする人たちはすっかり姿を消してしまいました。しかしながら、F. Sidney が、「活気に満ちた (vigorous) なわとびの10分は、ジョギング30分の運動量と同じである」(岡野訳) と述べているように、また榎木が「なわとびのエネルギー代謝率は高く、5分間の両足とび (1分120回) では80キロカロリーを消費する」としているように、なわとびの運動効果を再認識するとともに、特に成人の健康・体力づくりや生活習慣病の予防として、なわとびが再び多くの人々に行われるようになることを望みたいものです。

1978年にアメリカとイギリスで出版された「なわとび」の本

1977年に日本で出版された『5分間なわとび健康法』(講談社)

2．なわとびの楽しさ・おもしろさ（魅力）

　なわとびが飽きられ、つまらなくなるのは、ただ単純かつ単調な跳び方で跳び続けることしかやらなかったり、体力づくりとしてのなわとびが強調されるからではないでしょうか。単調ななわとび、苦しいなわとび（持久とび）では、興味がわかず飽きられてしまうのはあたり前でしょう。最近の学校体育において、なわとびがほとんど採用されなくなったのは、まさにこのことが原因しているものと考えられますし、さらに言うならば、これまで、なわとびのおもしろさや魅力というものを、指導者が指導力の不足から、十分に伝えられなかったことが、原因しているとも考えられます。

(1) 集団での遊びは楽しい・おもしろい

　ある小学校6年生のクラスの女子は、休み時間のベルが鳴ると、長なわを持っていっせいにグラウンドに飛び出していきます。そして、長なわとびを始めます。1人ずつ途切れないように入って跳んで出る簡単な跳び方で、皆で跳んだ数を数えます。「……356、357……」、連続回数を増やそうと皆夢中です。時間が来たら、止めて教室に入り、また次の休憩時間が来たら、続きの数から始めます。「402、403……」、どこまで回数は増えていくのでしょうか？　この光景を目にし、遊びとしてのなわとびが学校の中で、楽しく行われている実際を知りました。しかし、この跳び方ではやがては飽きられてしまうでしょうから、次は他の跳び方（方法）で、できれば「ダブル・ダッチ」にでも挑戦して欲しいなとひそかに思ったものでした。

　また、あるとき、公園をジョギングしていたら、長なわによるファミリーなわとびが行われていました。人数が少ないので、なわの一方を木の幹に結び、もう一方をお母さんが持って回していました。そして、中で跳んでいるのは、お父さんと女の子でした。なわとびというと、すぐ短なわとびを思い浮かべますが、なわとびの楽しさやおもしろさの原点は、やはり、長なわとびにあるのではないかと考えさせられた2つの光景でした。

⑵ リズミカルに、また様々なステップで連続して跳べる快感

　リズムに乗って軽快に跳ぶなわとびは、実に心地良いものです。無理のないスピードで軽快に跳ぶことを覚えれば、なわとびの楽しさ・おもしろさを味わうことができます。気持ちよく前回しとびや後回しとびが行えるようになったら、次はかけ足とびや脚前振とび、さらには脚側振とびや脚前後開閉とびと、様々に脚を動かしたり、ステップで跳んでみることです。そして、これらの次はいよいよ２重とびです。２重とびが軽快に連続してできるようになれば、なわとびはいっそう楽しいものになっていきます。

　ところで、時々、裏道で、小学生（低学年）がなわとびや２重とびの練習をしているのを見かけます。１人での特訓であったり、お母さんかお父さんが教えていることもあります。小学校の低学年の子に、いきなり２重とびはむずかしいので、まずは、なわとびの基本であるといえる１回旋１跳躍での前回しとびやかけ足とびなどに、ある程度習熟しておくことが大切となります。

⑶ むずかしい跳び方に挑戦し、達成した喜び

　２重とびが初めてできたとき、そして連続して何回も跳べるようになったときの嬉しさや喜びは、今でも記憶に残っています。なわとびがますますおもしろくなり、夢中で回数を増やすことに挑戦したものでした。また、３重とびや２重あやとびができたときは、得意がったものでした。すでに、何度か述べましたが、なわとびの跳び方は、何百種類もあるので、いくらでも新たなむずかしい跳び方（技）への挑戦が可能です。例えば、次の「１分間の２重とび、交差２重とび（前・後）、３重とび、前方片手交差２重とび、前回し返しとび、後ろ回し返しとび」がマスターできれば、とりあえず、なわとびの上級者と言えるでしょう。すでに第１・２章において紹介済みですが、学校（体育）での、個人の目標回数への挑戦、またやさしい跳び方からむずかしい跳び方や、さらには組み合せとびでのやさしい級からむずかしい級へと挑戦させていく方法は、なわとびの機能的特性の１つである「達成型」（という魅力）を、子どもたちに味わわせるものだと言えます。もちろん、なわとびには「競争型」という特性もあり、回数や時間（スピードや持久とび）を他者と競うことも可能です。

校内大会では、よく行われているものです。

(4) 競技としてのなわとびのおもしろさ

　競争型のなわとびが高じれば、競技なわとびに発展することになります。かつて、鈴木勝巳（昭和13年生れ）という人は、1980年に長時間連続なわとびに挑戦し、何と両足とびで9時間46分、95,267回跳んだという記録を残しています。鈴木さんは、この他、2重とびを10,133回、3重とびを441回、5重とびを20回（6重とびは1回）、連続して跳んだという記録も持っているそうです。もちろん、これらは、世界最高記録だということです。

　最近のなわとび競技会は、長時間なわとびだけでなく、第1章において述べたダブル・ダッチ（シングル・ダブルス部門）やシンクロなわとび、リズムなわとびなどが行われ、それぞれ時間・回数や跳び方の美しさなどが競われています。また、なわとびそのものではありませんが、新体操競技の中に、なわを用いた演技が行われていることは、皆さんもご存知のはずです。

　学内や地域でのなわとび競技会や、演技力を競うなわとび発表会などが実施されれば、子どもたちはそれに挑戦し、また練習していく中で、なわとびのおもしろさや楽しさを存分に味合わうことになるはずです。

3重とびで441回連続の記録を持つ鈴木さんのフォーム

3．なわとびの運動強度を科学する

　運動を始めてしばらくすると、呼吸、心臓の拍動（心拍）や脈拍が速くなります。さらに運動を継続すると、これらはいっそうの高まりをみせます。こうした兆候は、心臓が運動を遂行する筋肉に血液を送り、運動するために必要なエネルギーを発生させるための酸素を供給していることを意味しています。科学的、生理学的には、運動時の酸素摂取量や心拍数を測定することから、その運動の強度を知ることができます。ここでは、こうした測定方法によって明らかにされたなわとび運動の強度について、述べておくことにします。

(1) 酸素摂取量からみたなわとびの運動強度

　身体が1分間当たりに消費する酸素の量を、酸素摂取（消費）量と言います。酸素摂取量は、運動の負荷量（強さ）にほぼ直線的に比例していきますが、ある時点からそれ以上は増加しなくなります。その時の酸素摂取量を「最大酸素摂取量（$\dot{V}O_2max$）」と言います。この最大酸素摂取量を測定するためには、トレッドミル装置や自転車エルゴメーターを使用し、それぞれ速度やブレーキ（抵抗）を増加させていくことで最大限の運動をさせていきます。そして、これ以上運動を継続できない（オールアウト）状態となったときに使われた酸素の量が、最大酸素摂取量（持久力の限界点）ということになります。よって、予め最大酸素摂取量を測定しておき、その後、なわとび運動をした時の酸素摂取量を測定した際に、最大酸素摂取量の何パーセントにあたるかを計算すれば、なわとびの運動強度を知ることができます。ちなみに、マラソン選手など特に持久力を要する種目のスポーツマンは、男性では一般人男性（毎分2.5〜3.5リットル）よりも大きく4.5〜5.0リットルくらいと高く、また女性は男性の70％くらい（2.0〜3.0リットル）であることや、運動不足の人の最大酸素摂取量は低くなることが明らかにされています。

　図4は、自転車エルゴメーターによる最大酸素摂取量となわとび5分間（1分間120回のペースで跳ぶ両足とび）の酸素摂取量の関係を示したものです。この図は、中・高校生の最大酸素摂取量をエルゴメーターによって測定した値

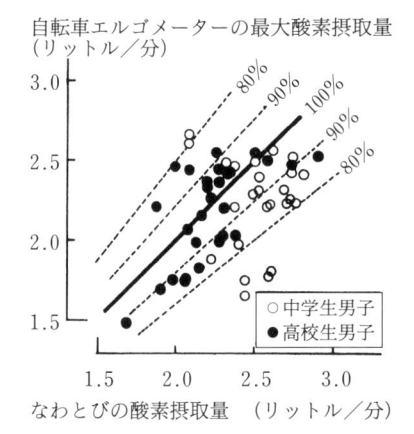

図4 自転車エルゴメーターによる最大酸素摂取量となわとびの酸素摂取量の関係（榎木ら、1977年）

（注）グラフの中央の太い線上は、自転車エルゴメーターによる最大酸素摂取量と、なわとび5分間の酸素摂取量が同じであることを示し、太い線より上にある人は、自転車エルゴメーターの方が運動強度が強く、下にある人は、なわとびの方が強かったということになります。

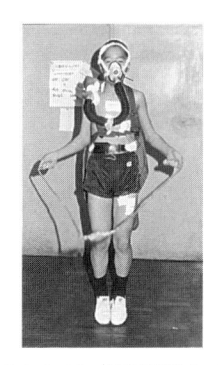

なわとびの運動強度をみるために、被験者が心電計（無線）とガスマスク、ダグラスバッグを背負って、心拍数と酸素摂取量を測定しているところ。

と、5分間のなわとび運動を行わせ、4～5分時の1分間の酸素摂取量を測定した値とが比較されています。この図からは、なわとびの酸素摂取量が、エルゴメーターによる最大酸素摂取量よりも、上回っている人が多いことから、なわとびの運動強度は自転車エルゴメーターよりも強いものであると言えます。

(2) 心拍数からみたなわとびの運動強度

心拍・脈拍数は、性別、年齢、情緒・興奮状態、日中や睡眠などよって変動することから、また個人差もかなりあることから、心拍数を運動強度の指標にすることには問題があるとされていました。しかしながら、猪飼・山地（1971年）は、一定の運動負荷を与えた場合、心拍数と酸素摂取量との相関が非常に高いことから、心拍数が、運動強度の指標となり得ることを明らかにしました（図5）。その後、多くの研究者によって、スポーツ活動や運動時の心拍数が測定され、現在では、それぞれの運動強度が心拍数によって示されることになりましたし、また年齢別の最高心拍数や健康づくり（エアロビクス運動）のため

表9 年齢別の心拍数と運動強度のめやす　　　　　　　最高心拍数＝220－年齢

強度（％）	20〜29歳	30〜39歳	40〜49歳	50〜59歳	60歳以上
100	190	185	175	165	155
90	175	170	165	155	145
80	165	160	150	140	135
70	**150**	**145**	**140**	**130**	**125**
60	**140**	**135**	**130**	**120**	**115**
50	125	120	115	110	100

＊エアロビクス・ゾーンは60〜70％の運動強度。　　　　　　　（諸資料より著者ら作成）

のターゲット・ゾーン（各年齢ごと最高心拍数の60〜70％にあたる）も明らかにされています（表9）。

さて、図6は、高校生（男・女）が行った両足とびでのなわとび5分間（毎分120回）と回復時の平均心拍数の変動の様子を示したものです。男女共ほぼ同じ変動を示していますが、開始後2分を過ぎると毎分180拍以上を示していることがわかります。高校生の最高心拍数は、毎分200拍ですので、なわとびの運動強度は、最大（持久力）の90％という非常に強い運動であるということになります。

図7は、自転車エルゴメーターによる最大心拍数となわとび（両足とび毎分120回）の4〜5分時の心拍数の関係を示したものです。この図からは、自転車エルゴメーターよりもなわとびの心拍数の方が上回っている人が多いことから、自転車による運動よりも、なわとびの運動強度が高いということが分かります。

ところで、なわとびの最高心拍数は、跳ぶ速度（ペース）が速くなるほど、高くなることが推測されます。そこで、表10は、両足とびについて、速度別の最高心拍数を測定した結果を示したものですが、実は必ずしもそうとは言えず、ゆっくり跳ぶ（毎分60回）方が、むしろ高くなっていたり、また個人差も見られます。個人差が見られたのは、人によって、自己に合った跳躍ペースが存在し、そのことが影響するからだと考えられます。また、図8は、表2の被験者のうちの1人についてなわとびと他のスポーツや運動との心拍数の変動を比較したものですが、やはり、どんな速さで跳んでも、なわとびの心拍数は、他の

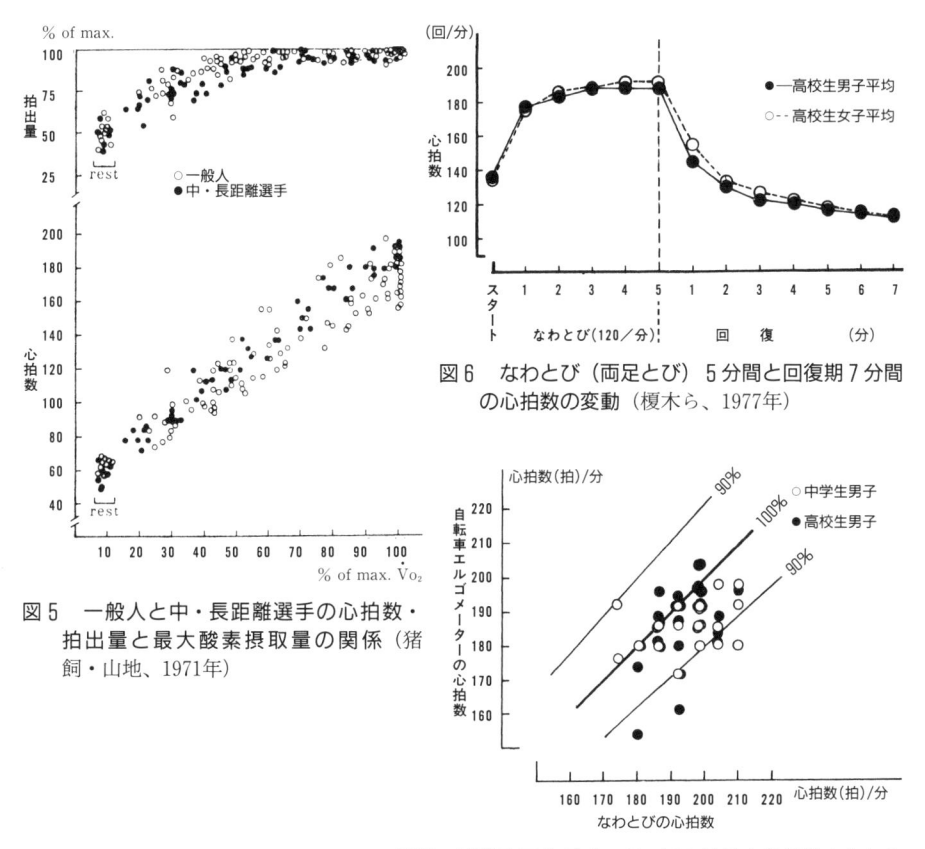

図5 一般人と中・長距離選手の心拍数・拍出量と最大酸素摂取量の関係（猪飼・山地、1971年）

図6 なわとび（両足とび）5分間と回復期7分間の心拍数の変動（榎木ら、1977年）

図7 自転車エルゴメーターによる最大心拍数となわとび（両足とび）の心拍数の関係（榎木ら、1980年）

どの運動よりも高いことが分かります。

　以上の実験結果が明らかにしたように、なわとび（両足とび毎分120回）の運動強度は、非常に強いものであると言えます。よって、全身持久力（スタミナ）を養成するスポーツ・トレーニング手段として効果的であることが考えられます。また、中高齢者の健康づくりとしては、毎分120回の跳躍では運動強度が強すぎるので、毎分70〜80回に跳ぶペースを落とし、運動強度を60〜70％くらい（心拍・脈拍数120〜140拍）にして、リズミカルに跳ぶことが大切だと言えます。

　運動時の心拍数を知るには、心電図計（無線）を身体に取りつけて計測する

表10　各種スポーツ・運動ならびになわとびの跳び方の相違による最高心拍数

運動の種類	被験者A	被験者B	被験者C	被験者D	平均値(S.D)
卓球（乱打）	96	126	90	126	110 (16.6)
バドミントン（乱打）	126	144	120	180	143 (23.3)
ソフトテニス（乱打）	126	126	114	180	150 (30.3)
バレーボール・パス	162	162	138	180	161 (14.9)
キャッチ・ボール	120	126	102	132	120 (11.2)
ランニング(200m/分)	**168**	180	168	192	177 (9.9)
前回しとび　60回/分	**168**	174	**186**	168	174 (7.3)
80回/分	156	168	174	168	166 (6.5)
100回/分	148	174	180	186	172 (14.5)
120回/分	154	**186**	180	**196**	**179 (15.5)**
140回/分	156	162	180	180	170 (10.7)
160回/分	156	174	180	192	176 (13.0)
後回しとび120回/分	162	168	180	180	173 (7.8)
かけ足とび120回/分	132	156	174	192	164 (22.2)

（注）太字数字は各被験者の最高値　　　　＊単位＝拍/分　　　　（榎木ら、1982年）

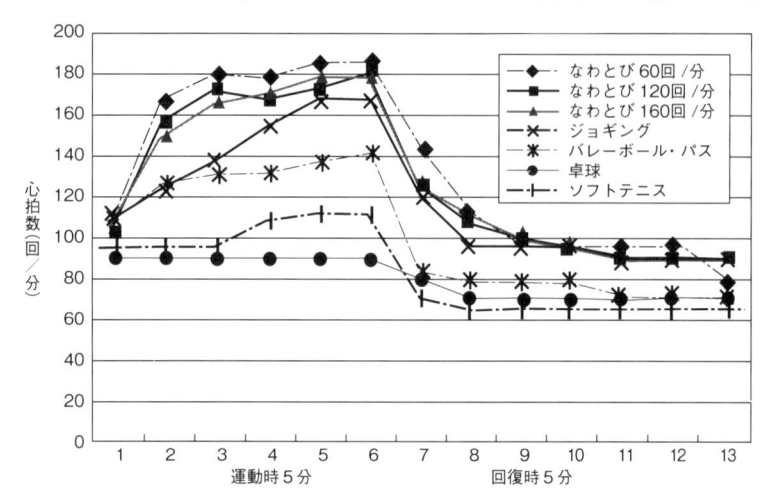

図8　各種スポーツ・運動5分間と7分間の回復時における心拍数の変動(被験者C)（榎木ら、1982年）

のが最も良い方法ですが、一般的にはこれは大変です。そこで、簡単な方法としては、運動を一時停止し、すぐに手首外側にある脈所を抑えて10秒間の脈拍数を測り、それを6倍して求めるようにします。

⑶ エネルギー代謝率(RMR)からみたなわとびの運動強度

　表11は、各種スポーツ・運動のエネルギー代謝率（RMR＝Relative Metabolic Rate）と運動100kcalを消費する時間について示されたものです。エネルギー代謝率とは、基礎代謝の何倍にあたるかというものです。よって、大きい数値ほど、運動強度が高いことを意味することになります。また、基礎代謝とは、「単に生命を維持するだけのために使われるエネルギー」のことで、早朝空腹時に室温20度くらいのところで安静仰臥し、目覚めている時の代謝量を測定するものです（『現代学校体育大事典』大修館書店、1981年、p.24）。通常、エネルギーは、使用された酸素の量をもとにして計算されますが、1リットルの酸素を使用すると、空腹時では4.83kcal、普通の混合食を取った場合には、4.86kcalのエネルギーになるとされています（カルボビッチ、『運動の生理学』ベースボール・マガジン社、1970年、p.92）。なお、日本人の基礎代謝は、成人男子が体表面積1平方メートル当たり毎時37.0kcal、成人女子が同じく34.0kcalであり、（前出『現代学校体育大事典』による）。また、1日の日本人の基礎代謝量（BMS＝Basal Metabolic Rate）平均値は、成人男子が1300～1600kcal、成人女子が1100～1200kcalであるとされています。

　ところで、RMRは、運動強度を表すだけではなく、運動によって消費される1分間のおおよそのエネルギー量を示しています。表11によるなわとびのRMRは、毎分80～90回のペースで跳ぶと、9.0～13.0となっていますので、その際の1分間のエネルギーも約9～13kcalということになります。通常、中学生や高校生が跳びやすいペースは、1分間に120回（1秒に2回）ですので、このペースで5分間跳んだ時のエネルギー消費は、1分間16kcal（5分間80kcal）になるものと推測されますし、2重とびの連続であれば、1分間20kcal（5分間100kcal）以上のエネルギーが消費されるものと思われます。

　この様に、なわとびのエネルギー消費量は非常に高いことからすれば、1日15分も行えば、240～300kcalのエネルギーが消費できることになり、生活習慣病の1原因となる体脂肪を減少させ、肥満解消に大変効果的であるということが考えられます。この点、『Jump into Shape』(1978)の著書の中でも、「1日5分のなわとびは、テニスのシングル1セットかゴルフの9ホールと同

表11 日常的な運動のRMRと付加運動100kcal消費に要する時間（20～29歳）

運動の種類		RMR		100kcalの消費に要する時間（分）	
		範囲	標準	男(63kg)	女(52kg)
歩行	散歩（40～60m／分）	2.0～ 3.0	2.5	38	48
	正常歩（70～80m／分）	2.5～ 4.0	3.3	29	36
	急歩（90～100m／分）	3.5～ 5.5	4.5	21	26
走行	ジョギング（120m／分）	5.0～ 7.0	6.0	16	20
	〃　　　（140m／分）	6.0～ 8.0	7.0	14	17
	〃　　　（160m／分）	7.0～10.0	8.5	11	14
	〃　　　（180m／分）	9.0～11.0	10.0	9	12
	ランニング（200m／分）	11.0～13.0	12.0	8	10
	〃　　　（220m／分）	13.0～15.0	14.0	7	9
	〃　　　（240m／分）	15.0～17.0	16.0	6	7
スポーツ・運動	卓球	4.0～ 7.0	5.0	19	24
	バドミントン	4.0～ 7.0	5.0	19	24
	テニス	4.0～ 7.0	6.0	16	20
	バレーボール	4.0～ 7.0	6.0	16	20
	ダンス（軽い）	2.5～ 3.5	3.0	32	40
	〃　（活発な）	4.0～ 6.0	5.0	19	24
	ソフトボール（攻守平均）	1.5～ 3.5	2.5	38	48
	ピッチャー	2.0～ 4.0	3.0	32	40
	野手	1.5～ 3.5	2.0	47	60
	野球（攻守平均）	2.5～ 4.0	3.0	32	40
	ピッチャー	3.0～ 5.0	4.0	24	30
	野手	2.0～ 3.0	2.5	38	48
	水泳（遠泳）	6.0～10.0	8.0	12	15
	ラジオ体操	3.0～ 4.0	3.5	27	34
	ハイキング（平地）	2.5～ 4.0	3.0	32	40
	〃　　　（山地）	3.6～ 6.0	4.5	21	26
	登山（登り）	6.0～10.0	8.0	12	15
	〃　（下り）	4.0～ 6.0	5.0	19	24
	階段（昇り　90段／分）	6.0～ 8.0	7.0	14	17
	〃　（降り　　〃　　）	2.5～ 3.5	3.0	32	40
	〃　（昇降　　〃　　）	4.0～ 6.0	5.0	19	24
*	縄とび（60～70回／分）	7.0～ 9.0	8.0	12	15
	〃　　（70～80回／分）	8.0～11.0	9.5	10	13
	〃　　（80～90回／分）	9.0～13.0	11.0	9	11
	サイクリング	2.5～ 4.0	3.0	32	40
	平地ゴルフ（18ホール）	2.0～ 4.0	3.0	32	40
	丘陵ゴルフ（27ホール）	3.5～ 6.5	5.0	19	24
	エアロビックダンス	3.0～ 5.0	4.0	24	30
	ゲートボール	1.5～ 2.5	2.0	47	50

（注）付加運動100kcal：安静代謝を含まず、運動によってのみ消費される100kcalである。
（厚生省、健康増進施設における技術指針、1986）－前田如矢（1997）『運動生理学』（金芳堂、p.108）

等の運動量であるが、スタミナづくりや心臓のために良い運動とするためには、1日15分のなわとびが望ましい」と述べられていますし、「エアロビクスの権威者であるケネス・クーパーの研究からは、1日15分のなわとびは、テニスならシングル3セット、ゴルフなら27ホール（カートに乗らないで）、自転車なら9分で3マイル、水泳なら17～23分で700ヤード、ランニングなら1マイル8分、さらにバレーボール1時間、フットボール・サッカー・ラクロス40分などと同じである」（以上、岡野訳）と述べられています。

4．なわとび運動の上手なとび方を科学する

　なわとびを上手く跳んでいる人は、無駄な力が抜け、実に軽快かつリズミカルで綺麗です。きれいな跳び方は効率が良いので、様々な跳び方を習得する上からも必要となります。このように考えますと、なわとびをうまくきれいに跳ぶことは、なわとびを楽しく行う上で、大変重要な要因であることに気づきます。

　そこで、われわれは、最近、なわとび運動の基本である「1回旋1跳躍（以下、「両足とび」とする）」と「2回旋1跳躍（以下、「2重とび」とする）」について、上手な生徒と下手な生徒の跳躍をバイオメカニクス（生体力学的）分析することを試みました。その結果、以下に述べるような大変意義深い知見を得ることができました。

⑴　両足とびの「上手な生徒（A）」と「下手な生徒（B）」の比較から

　図9は、（A）と（B）の1スキップ（跳躍）のスティック・ピクチャー（側面）です。また、図2は、前面からの2人のスティック・ピクチャーです。上手な（A）の両足とびは、両足を軽く前後にずらして跳んでいますが、両足をぴたりとそろえて跳んでいる（B）よりも、この方がバランスのとれたリラックスした跳躍を行うのに、都合が良いように思われます。また、上手な（A）の方が、着地から跳躍の際、膝や足首の曲げ・伸ばしを柔らかく使って

(A)

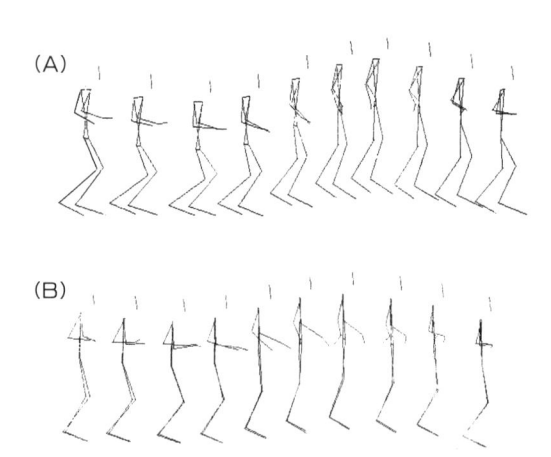

(B)

図9 (A)、(B)のなわとび1スキップのスティック・ピクチャー (岡野ら、1996年)

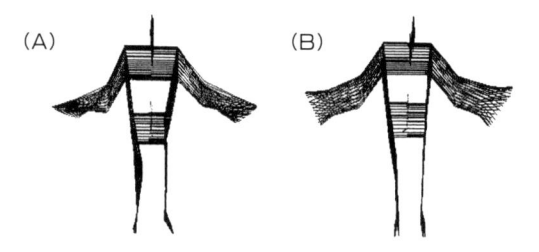

(A)　　　　(B)

図10 (A)、(B)のなわとび1スキップの前面からのピクチャー (岡野ら、1996年)

表12 (A)・(B)の跳躍時における諸関節角度の伸縮度の経時的変化 (岡野ら、1996年)

被験者	関節／時間	1分	3分	5分	平均値 (S. D.)
(A)	足首	38.91	40.56	32.86	37.44 (3.31)
	膝	33.68	48.44	54.21	45.44 (8.65)
	股	13.29	26.58	21.67	20.51 (5.49)
(B)	足首	24.11	23.79	25.69	24.53 (0.83)
	膝	25.14	29.74	31.23	28.70 (2.59)
	股	11.96	16.52	16.20	14.89 (2.08)
(A)−(B)	足首	14.80	16.77	7.17	12.71
	膝	8.54	18.70	22.98	16.74
	股	1.33	10.06	10.06	5.62

注：角度の伸縮度は、関節の最大角度−最小角度による。　　単位は (度)

バネを生んでいることが見受けられます。さらに、図10（前面）からは、（B）よりも上手な（A）の方が、脇が閉まり手の振りをコンパクトに振っていることや、身体重心の上下動も小さくなっていることが分かります。

　ここで、両者のスキップをさらに詳しく分析してみますと、次のような興味深いことが明らかとなりました。表12は、（A）と（B）の1・3・5分時の跳躍における諸関節の伸縮度（伸び縮み）の結果です。関節角度の伸縮度は、言うまでもなく、跳躍時における脚の関節の使い方の大きさを意味するものですが、5分間の跳躍では、（A）は平均して足関節を37.4度、膝関節を45.4度、股関節を20.5度伸縮させていたのに比較して、（B）はそれぞれ25.5度、28.7度、14.9度しか伸縮させていませんでした。つまり、上手な（A）は下手な（B）よりも、足関節を12.7度、膝関節を16.7度、股関節を5.6度ほど大きく使っていたのです。この結果、なわとびの跳躍では、股関節をやや曲げて上体の前傾を保ち、特に膝の足首と関節を大きく柔らかく曲げ伸ばすことによって跳躍力（バネ）を生むと同時に、リズミカルに跳躍することが重要であることが分かりました。

　ところで、（A）のバネを利かした跳躍ですが、決して高く跳び上がっているわけではないのです。図11は、やはり（A）・（B）の前回しとび開始後から1・3・5分時におけるジャンプ高の変位を示したものですが、（A）の平均ジャンプ高が4.7cmに対して、（B）は7.0cmであり、下手な（B）は上手な（A）よりも、平均して2.3cm高く跳んでいたのです。また、3分・5分と跳んでいるうちに、（A）は約3cmの高さで低く跳んでいたのに対して、（B）は9.5cmの高さで高く跳んでいたことから、上手な者は、跳躍時間が長くなるにつれて、いっそう安定した経済的な跳び方をするようになり、逆に下手な者は、なわにひっかからないようにするために、ジャンプの高い非経済的な跳び方になることが推察されました。

　さらに、興味深いことが分かったのですが、上手な（A）は両足にほぼ均等に体重を乗せて跳んでいるのに対して、（B）はほとんど片足（左）に体重をかけて跳んでいたのです（図12）。つまり、上手な者が、左右均等に体重をかけて安定して跳んでいるのに比較し、下手な者は、利き足に体重を乗せて跳んでいる場合があることが分かったのです。

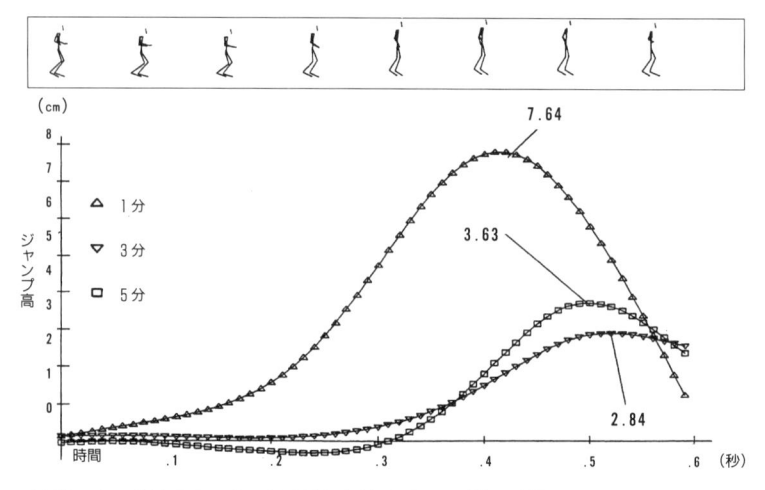

図11−1 (A)の1・3・5分時におけるジャンプ高の変位（岡野ら、1996年）

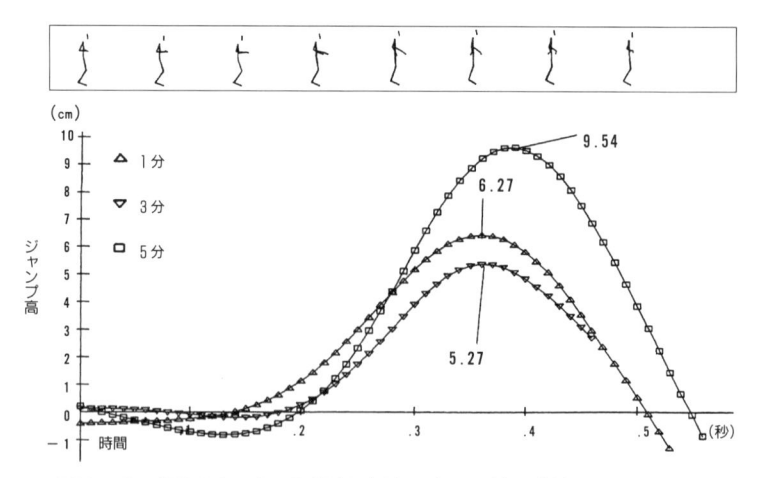

図11−2 (B)の1・3・5分時におけるジャンプ高の変位（岡野ら、1996年）

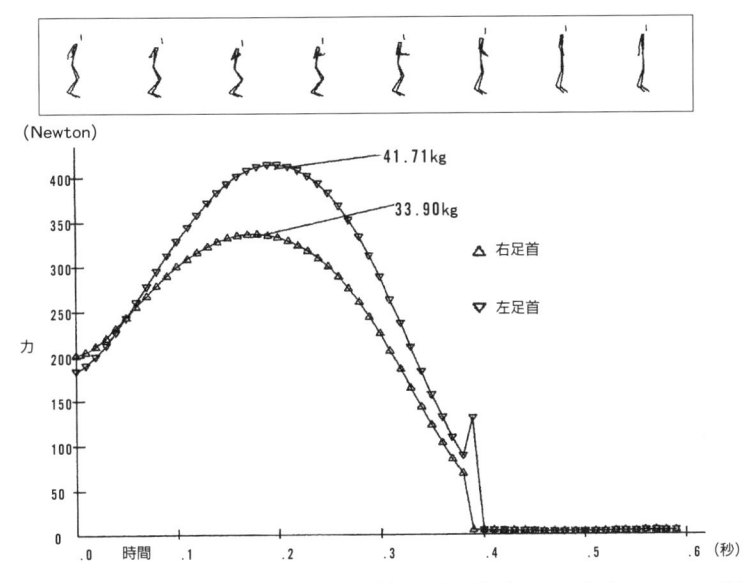

図12-1　(A)の1スキップにおける足首にかかる力（フォース）（岡野ら、1996年）

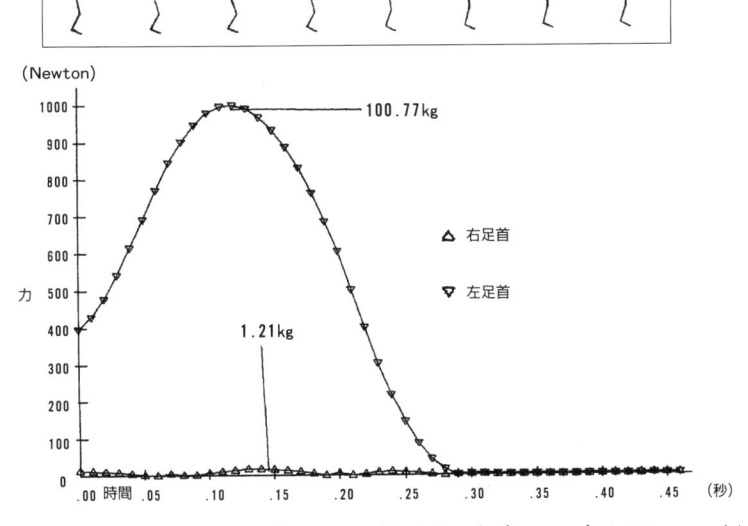

図12-2　(B)の1スキップにおける足首にかかる力（フォース）（岡野ら、1996年）

この他にも、興味深いことが分析されたのですが、ここではこのくらいにしておき、以下、今回の分析結果から、なわとびの効果的な技術指導についてまとめておくことにしたいと思います。

① あまり高く跳び上がらないよう指導する。
② 両足をきちんと揃えて跳ぶよりも、やや前後させた方がむしろ安定性が保てる。大切なことは、あまり窮屈な跳び方にならないよう指導する。
③ （①との関連として）着地は、股関節や膝と足首を曲げていきながらショックを和らげると同時に、特に膝・足首の曲げ伸ばしによって生じるバネを上手く利用して跳躍するよう指導する。
④ 腕の振りをできるだけコンパクトにするよう指導する（腕を大きく回さないよう注意させ、脇を閉め肘を固定して手首を回すよう指導する）。
⑤ 左右足均等に体重を乗せて跳躍するよう指導する。
⑥ 長く跳ぶ場合は、時間の経過と共に、高く跳び上がることのないように指導する。

⑵ 2重とびの「上手な生徒（A）」と「下手な生徒（B）」の比較から

2重とびが上手く跳べるようになることは、なわとびを始めた人誰もがまず持つ目標でしょう。どうしたら、すぐに上手く跳べるようになるでしょうか。

まず、図13を見てください。2重とびのスティック・ピクチャーです。上手な（A）の特徴は「屈膝とび」で、また下手な（B）の特徴は「伸膝とび」です。2重とびをうまく跳ばせる指導においては、（A）の跳び方を推奨したいと思います。なぜなら、この跳び方は、後になって、3重とびや4重とびに挑戦する際には、必ず必要になるからです。

さて、改めて、図13の2重とびに目を向けてみてください。（A）の跳躍（1スキップ）は、「膝の曲げ伸ばしによって跳躍した後、空中では膝をだんだんと深く曲げていき、引き上げ、そして伸ばしながら着地している」大変スムーズな様子が見られます。これに対して、（B）の跳躍は、「膝の曲げ伸ばしによって跳躍した後、空中では膝が伸び切り、その後膝を曲げながら着地している」、感じとして非常にぎこちなく硬い様子が見られます。

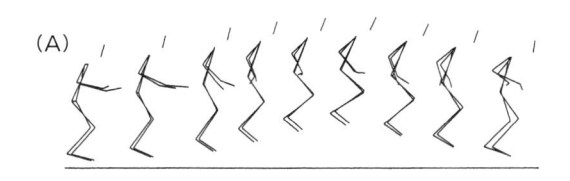

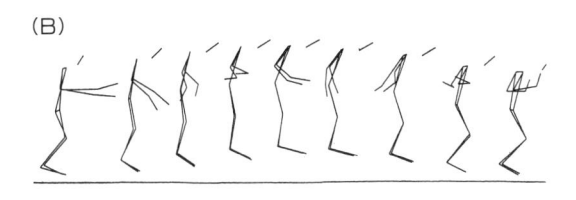

図13 （A）(図上=屈膝とび) と（B）(図下=伸膝跳び) が行う２重とびの１スキップにおけるスティック・ピクチャー（岡野ら、1998年）

　ところで、２重とびを跳ぶためには、なわに引っかからないように、ある程度足を高く上げなければなりません。この点、図14は（A）と（B）の２重とびにおける１秒・30秒・60秒時の足の高さの変移を示したものです。（A）は地面から足を約30～38cm（平均34cm）引き上げて跳んでおり、（B）は同様に28～31cm（平均約30cm）引き上げて跳んでいます。またこの際、身体重心を（A）は約22cm持ち上げ、（B）は27cm持ち上げていました（次ページ表13）。身体重心を（A）よりも５cmも高く持ち上げていた（B）の２重とびは、（A）に較べて非経済的であると言え、連続して跳んだり、持久とびとなると、疲労が早く生じてしまうことになります。これに対し、上手な（A）は（B）よりも、身体重心の持ち上げは５cm低いのに、足の高さは４cm高くしていました。これは、（A）が空中で、膝を曲げた姿勢をとっていることと、高くジャンプしない効率の良い跳び方をしているからだと考えられます。

　次に、（A）と（B）の２重とび（30秒時）における着地時の足首にかかる圧力（キック力）を分析してみたところ、（A）が左右両足合わせて約800ニュートンであったのに対し、（B）は約1300ニュートンにも達していました。このことは、（B）は跳躍する際に、非常に大きな力を使ってキック（ジャンプ）していることを示すものですし、このことが先に指摘したように、身体重

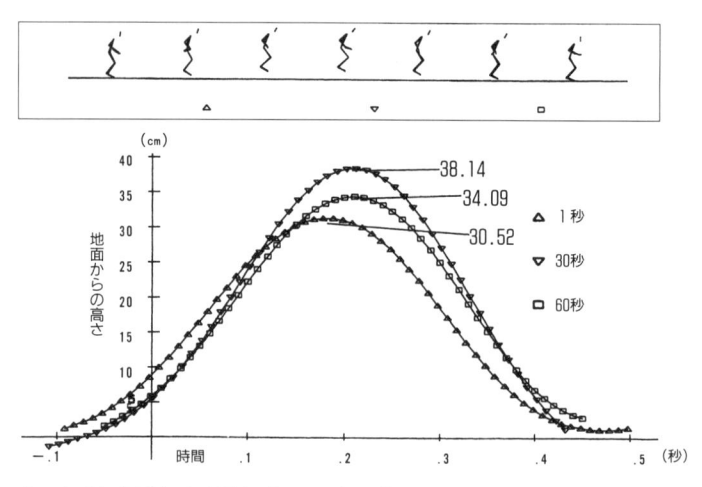

図14−1　上手な者（A）の2重とびの1スキップにおける足の高さの経時的変移
（注）図中の数字は最大値を示す。（岡野ら、1998年）

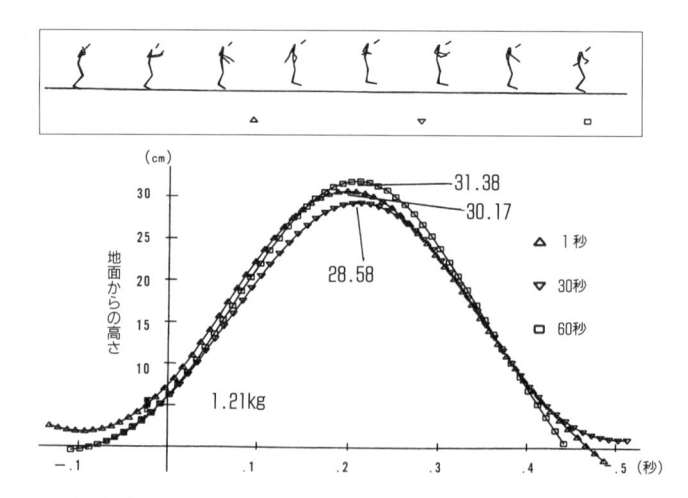

図14−2　下手な者（B）の2重とびの1スキップにおける足の高さの経時的変移
（注）図中の数字は最大値を示す。（岡野ら、1998年）

表13　2重跳びの跳躍時における上手な者（A）と下手な者（B）との身体重心を持ち上げた高さの比較（単位＝cm）（岡野ら、1998年）

被験者	身長	A）立位時重心	B）跳躍時重心	B）−A）
（A）	164	92.7	114.6	21.9
（B）	175	98.8	126.2	27.4
（B）−（A）	11	6.1	11.6	5.5

（注）　立位時重心は、Palmerの公式（＝0.557height＋1.4cm）から求めた。

心を高く持ち上げる非経済的な2重とびを導くことになっていたのです。

さて、2重とびで1スキップする際、当然ながら、なわを2回回さなければなりません。よって、なわにスピードを加えることが必要になります。図15は、(A)と(B)の2重とび（30秒時）の1スキップにおける正面からのスティック・ピクチャーです。なわにスピードを加えるための腕の様子に着目してみてください。(A)は脇（肘）を閉めて手（グリップ）をコンパクトに回しているのに比べて、(B)は脇を開き、グリップを大変広い範囲で回していることが分かります。2重とびの下手な(B)が、腕についても非経済的な使い方をしていたのですが、念のために、両者の2重とび（30秒時）の際のグリップの回旋移動距離を求めてみたところ、(A)は約150cmであり、(B)は(A)よりも100cmも長い、約250cmにも達していました。

では最後に、今回の分析結果をもとに、2重とびの効果的な技術指導について、特に重要と考えられる2点を、以下のとおりまとめておくことにします。

① 2重とびを早くマスターし、また上手く、長く跳べるようになるためには、効率の良い、経済的な跳び方となる空中で膝を曲げる「屈膝とび」を指導する。

② 脇（肘）を閉めて、手首を中心に、グリップをコンパクトに回旋させることができるよう指導する。このことは「前回しとび」や「かけ足とび」といった基本となる跳び方を十分に行わせる中で、マスターさせておくことが大切となる。

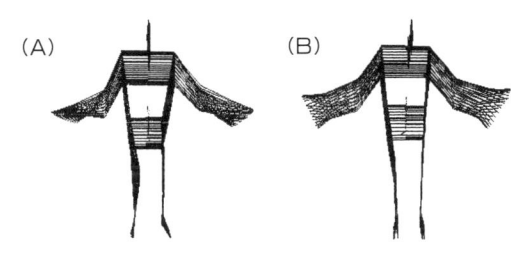

図15 上手な者(A)と下手な者(B)の正面から見た2重跳び（30秒時）の1スキップにおけるスティック・ピクチャーの比較（岡野ら、1998年）

5．発育発達段階となわとび

　なわとび（運動）は、子供の発育発達、とりわけ運動機能や体力の発達に大きな影響を与えます。また、なわとびには様々な跳び方や行い方があることについては、すでに第1・2章において詳しく述べましたが、ここでは発育発達段階に適したなわとび運動の行い方について、考えておきたいと思います。

(1) 器用な子供に育てるために

　器用とは、大脳からの命令が筋肉に上手く伝わることなのですが、この大脳（命令）－筋肉の仕組みが最も発達するのが、児童期の4－9歳頃だと言われています。よって、この時期に、以下に示す①～⑤の動きをまんべんなく身につけることが必要となります（『学校体育授業事典』大修館書店、1995年、p.242）。

① 直立姿勢の動き
② 変形姿勢の動き（曲げる、捻るなど）
③ 高低移動の動き（高所に対する本能的な挑戦として起こる）
④ 物を持った動き
⑤ 動きに対応して動く動き（相手、水、ボール、リズム、なわなどに対応）

　図16は、動きのおよその年齢を示したものですが、この図は上述した①～⑤と、関連するものです。
　ところで、⑤の「動きに対応して動く動き」づくりは、4歳で活発となり、

| 0－2歳
初期の動き
（はう、歩く） | 2－7歳
基本の動き
（走る、跳ぶ、投げる、
握る、キックする） | 7－10歳
スポーツに関連した動き |

図16　動き（づくり）のおよその年齢（IAAF（国際陸連）、1991年によるものを岡野訳）

6・7歳で急速に伸びるとされています。よって、この時期に、短なわでの様々な跳び方、長なわでのくぐり抜けやまたぎ越しといったような運動を行うことは、なわや人に対応して動く動きづくりとして、非常に有効なものになるはずです。

(2) ゴールデン・エイジへの着目

最近、スポーツの技能（パフォーマンス）を高めるために、ゴールデン・エイジ期のトレーニングや運動のし方が着目されています。この"ゴールデン・エイジ"とは、9〜12歳の年齢にあたり、「即座の技術習得」が可能な時期であることから、そのように呼ばれているものです。図17で示されている「黒く塗られた部分」がそうなのですが、この時期は、大脳の可塑性（＝脳・神経が柔らかいこと）が高く、しかも動作習得のレディネス（準備性）が整っているために、動きや技術、あらゆるスキルの習得が容易となる唯一の絶好期であるというわけです。

しかしながら、このゴールデン・エイジを迎えるためには、ある条件が必要となります。それは、プレ・ゴールデン・エイジ（5〜8歳）の過ごし方と関わってくるというものです。つまり、この時期に、戸外遊びや様々な動きづくりによって、神経系の配線（神経経路）を多様に作っておくことが前提になるというわけで、実は、先の(1)で述べた②〜⑤の動きを多様に習得しておくことが必要となるのです。

そこで、ゴールデン・エイジ期においては、即座の技術習得が可能であると

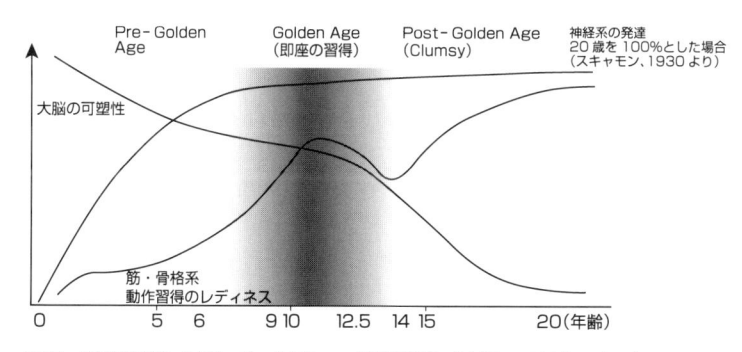

図17　発育発達から見たゴールデンエイジの概念（小野、1996年による）

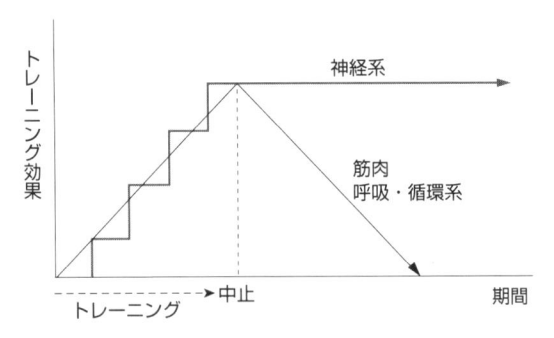

図18 トレーニング効果の推移（矢部、1991年による）
　　（大橋浩司：「体育科教育」2001/11、pp.24-29）

いうことですから、短なわでの様々な跳び方や、長なわと短なわ両方を用いたむずかしい跳び方に挑戦し、多くの技を習得することが勧められます。また、持久力が最も伸びる時期は、13・14歳頃の中学校期ですので、その時期には、種々の跳び方での持久とびや6種目くらいを1種目ごと8回くらいに回数を決めて連続（組合せとび）させたり、また筋力・パワーが最も伸びる時期は、15・16歳頃の中・高校期ですので、その時期には、2重とび（前・後）や3重とび（あやとびも含む）を行うことが、大変有効であると考えられます。

　図18は、トレーニングを中止しても、神経系の維持率は高いということを意味しています。よって、ゴールデン・エイジ期（9〜12歳頃）までに習得したなわとびの技術は、その後もかなりしっかりと残されることになります。また、なわとびによって養われた調整力や器用性は、その後のスポーツ活動において、専門的技術を身につける際に非常に役立つことになります。

6．なわとびの運動効果

　すでに、これまでにおいても、なわとびの運動効果については触れていますが、ここでは改めて、なわとびの運動効果についてまとめておくことにしたいと思います。

(1) 様々な体力づくり効果

　なわとびには、たくさんの跳び方（種目）がありますが、様々な跳び方に挑戦したり、その種目をくり返し行うことによって、リズムやタイミング、バランスや巧緻性といった調整力（コーディネーション）が養われます。調整力の優れた子供たちは、いわゆる器用な子であり、スポーツの専門的な技術を身につける段階（中学・高校）になると、比較的容易にそれらを身につけることができます。なわとびは、短なわとびだけでも452種類の跳び方があり、また長なわに入って短なわとびを行うのを加えると、904種類の跳び方になるとも言われています。小学校においては、様々ななわとびの跳び方に挑戦させ、将来スポーツを行っていく上で重要な体力要素の１つである調整力を養うことは、大変有益なことです。

　また、なわとびの運動強度は、非常に高いことが生理学的に明らかにされています。小学校高学年から中学・高校においては、持久力（スタミナ）を養うことも必要です。この点、子どもたちが嫌がる持久走（俗にマラソン）よりも、なわとびは持久力を養う上で効果的です。短なわでの前回しとび（120回／分）やかけ足とびでの持久とびは有効ですし、さらには２重とびなどでの持久とびはいっそう有効なものになるはずです。また、長なわでの仲間たちとの遊戯とびも、先頭の人が跳ぶ順番を待っている間に、走りを入れたりすると、かなりきつい持久運動になります。さらには、前・後２重とびや２重あやとび、３重とびなどは、瞬発力やジャンプ力の養成に役立ちますし、ちょうどボールが連続して弾むように跳んでいく膝を伸ばしての「伸展ジャンプ（リバウンド・ジャンプ）」は、プライオメトリック・トレーニングとなり、バネの養成に役立つことになります。

　ところで、なわとびが、ボクシングの伝統的なトレーニングとして採用されていることについては、よく知られています。様々なステップを踏みながらフットワークを養い、同時に持久力（スタミナ）も養えるなわとび運動は、３分間のラウンドを動き回るボクシングに必要な体力を身につける上で、まさにぴったりのトレーニングだと言えるでしょう。この他、多くのスポーツにおいては、なわとびをウォーミング・アップ（筋温を高める）手段として採用した

り、また準備期（特に冬期練習）における基礎的体力（持久力や瞬発力）の養成手段として採用することは、大変有効ですし、トレーニングを楽しく進めることからしても、なわとびの採用は効果的なものになるはずです。

【一口メモ】
2重とびは、垂直とび（ジャンプ力）を向上させるか？　また持久力を高めるか？

　埼玉県K中学校は、なわとびが大変盛んで、特に2重とびの運動強度が高いことに着目し、2重とびの指導に力を入れているそうです。例えば、K中学校では、卒業までに、男子が200回、女子が100回の2重とびが連続してできることを目標にしていますが、ほとんどの生徒はこれを達成するそうです。そこで、K中学校の生徒は、さぞかし垂直とびが優れているものと思い、埼玉県の平均値と比較してみたところ、男子は0.8cm良かったものの、女子は5.1cmも悪い値となっていました。要するに、2重とびがジャンプ力を増すという効果は見られなかったというわけです。

　そこで、よく考えてみれば、2重とびは、1回旋1跳躍（両足とび）よりはやや高く跳びますが、実際には、むしろなわの回転を速くすることによって跳びます。よって、ジャンプ力を高めるトレーニング効果は、2重とびが上手になればなるほど、期待できないということになるのではないでしょうか。

　ところで、かなりの熟練者による両足とびと2重とびの心拍数の経時的変化を比較してみたところ、特に2重とびの運動強度が高いこと（最高心拍数185拍）が注目されました。そこで、2重とびの盛んなK中学校と埼玉県の持久走（男子1500m・女子1000m）の平均タイムを比較してみたところ、男子が6秒、女子が15秒もK中学校が上回っていました。

　ここで、結論ですが、以上のK中学校の結果からして、なわとびの2重とびは、ジャンプ力よりも持久力の向上に効果を示すということになるのではないでしょうか。なお、埼玉県なわとび協会のある先生は、「3重とび」は相当の滞空時間を必要とするので、高くジャンプしなければならない。よって、3重とびが連続してできるようになれば、垂直とび（ジャンプ力）の向上が期待できるはずだとおっしゃっていました。

⑵ 健康づくりーエアロビクス効果や肥満解消効果など

　機械化され省力化された社会においては、便利な生活にどっぷりと浸っていると、人は運動不足になってしまい、やがてはそれが原因の疾病に陥ってしまうことになります。この病気のことを、1960年頃「運動不足病」と名づけたのは、アメリカのラープとクラウスという医師でした。彼らは、運動不足になれば、筋力や柔軟性、持久力が低下し、またストレスも発散されないことから、腰痛症、動脈硬化症や高血圧症、虚血性心臓疾患、心身症や神経症（ノイローゼ）、胃・十二指腸潰瘍などの疾患が引き起こされることを実例をもって指摘したのでした。最近の便利で豊かな社会では、さらに運動不足が進行し、飽食が加わった肥満の増加によって、健康・体力は一段と脅かされ、生活習慣病が蔓延しているという惨状です。

　ところで、最近の健康スポーツ医科学分野の代表的な研究者として知られるパッフェンバーガー博士（アメリカ）は、ハーバード大学の卒業生延べ5万人以上、20年間にわたる追跡調査から、健康における運動（身体活動）の重要性を指摘しました。図19は彼の研究のまとめの1つですが、1週間に500kcal以下しか運動（活動）しない人たちは、1週間に2000kcal以上運動する人に比べると、死亡率が2倍になり、さらにそれに喫煙を加えると、死亡率は3倍になることを示したのです。また、肥満（皮下脂肪）が生活習慣病の大きな原因となることもよく知られていることです（図20）が、最近では、皮下脂肪より

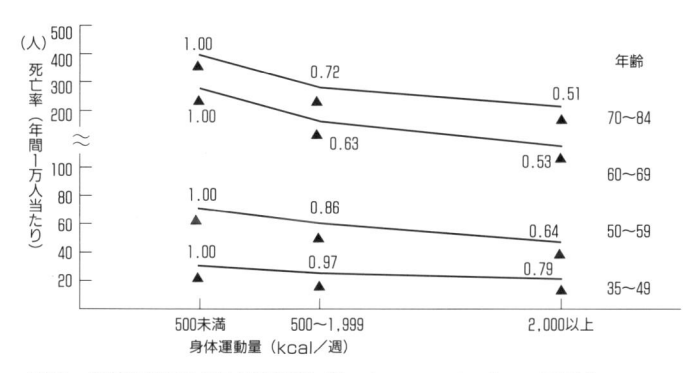

図19　身体活動量と死亡率の関係（R.パッフェンバーガー、1996年）
　　　（日本陸連普及委員会編『ウォーキング指導ハンドブック』、1998年より）

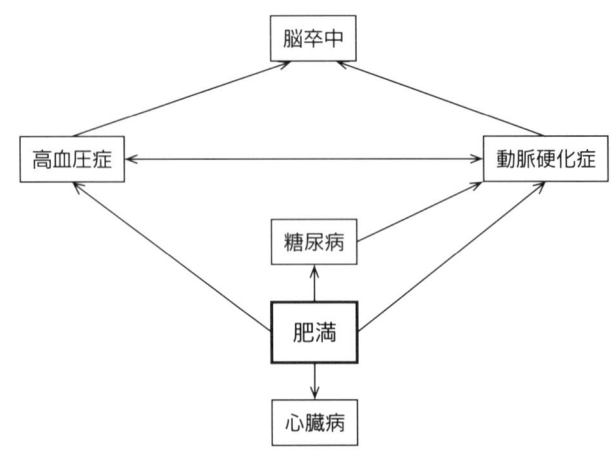

図20　肥満と生活習慣病との関連

も内臓肥満（脂肪）が特に問題視されているようで、めやすとして、臍周囲径（へそ周り）が男子85cm、女子90cm以上は、健康にとって要注意だとされています。さらに、最近では、定期的な運動が、食物が腸内を通過させる時間を短縮させることから、欧米に多い大腸がんの発生を抑えるとか、澤田亨が運動量（最大酸素摂取量）とがん死亡との関係を16年間（903名）にわたって調査した結果、運動量が多い群ほど、がん死亡率が少なかった（図21）ことから、澤田は、「定期的な運動が抗酸化能力（＝体内で細胞などを攻撃する活性酸素の発生を抑える）が向上することで遺伝子が傷つくのを防ぐとともに、がん細胞の増殖因子であるインスリンの過剰分泌を抑えます。それによって、免疫機能を高める効果があるのだと思います。」と述べています。

　省力化された（運動不足）現代社会にあって、生活習慣病を予防・改善するための運動として脚光を浴びているのが、アメリカのクーパー医師が1970年に発表したエアロビクス（有酸素）運動ですが、このことについては、すでに本章の１．(5)において述べていますので、そちらをお読みください。

　さて、言うまでもなく、なわとびはエアロビクス運動です。ただし、なわとびの運動強度は非常に高いので、なわとびをエアロビクス運動にするためには、心拍数が毎分120〜140拍になるように、運動の調整をする必要があります。そ

グラフ1

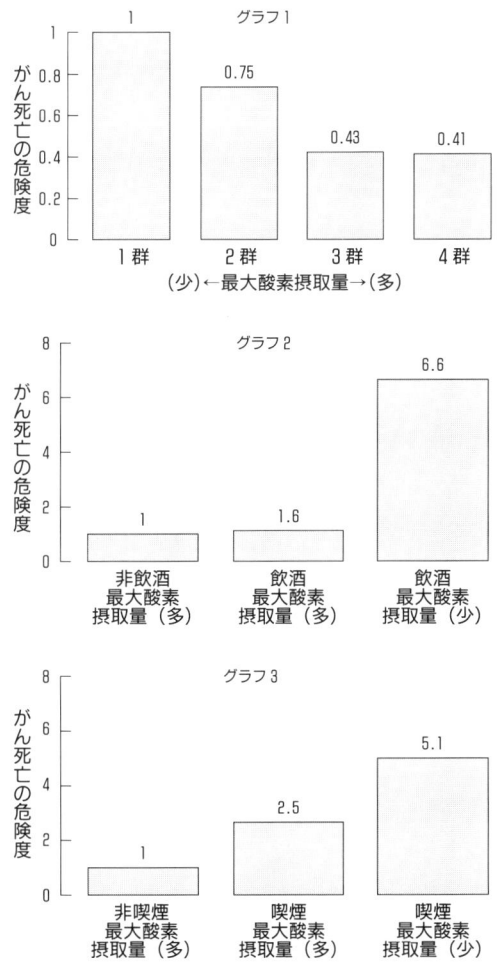

がん死亡の危険度

群	危険度
1群	1
2群	0.75
3群	0.43
4群	0.41

(少)←最大酸素摂取量→(多)

グラフ2

がん死亡の危険度

	危険度
非飲酒 最大酸素摂取量（多）	1
飲酒 最大酸素摂取量（多）	1.6
飲酒 最大酸素摂取量（少）	6.6

グラフ3

がん死亡の危険度

	危険度
非喫煙 最大酸素摂取量（多）	1
喫煙 最大酸素摂取量（多）	2.5
喫煙 最大酸素摂取量（少）	5.1

図21　ガン死亡の危険度と運動量（持久力）、飲酒、喫煙との関係（澤田亨、2001年による）

こで、両足とびやかけ足とびを無理のないゆっくりしたペースで5分、できれば1日15分行うことです。15分の場合は、無理に連続しなくても、5分間を3セットとするやり方でも良いでしょう。

　なわとびを1日15分行えば、先に指摘した種々のエアロビクス効果も得られ

るでしょうし、エネルギー消費も大きいので、体脂肪の減少によるシェイプ・アップ効果や肥満解消・防止効果も望めるでしょう。また、なわとびの上下運動は、腸に刺激を与えることから、便通をよくしたり、便秘解消効果や大腸がんの予防となったり、脚や足への刺激は、特に閉経後の女性の問題として挙げられている骨粗しょう症の予防にもなるはずです（図22）。

　以前、なわとびは、子供の遊びとして楽しまれ、またファミリー・スポーツとしても親しまれた時期がありました。このように、本来のなわとびは、運動の効果をねらって黙々と跳ぶことよりも、皆と仲良く楽しくなわとびで遊ぶことから、人々との融和やコミュニケーションを図ったものでした。

　以上から、なわとびが、多くのすばらしい効果を持ち合わせていることがお分かりいただけたものと思いますし、著者らがなわとびの学校体育（中学・高校）への復帰を切望する理由も、健康・体力づくり運動として、コミュニケーションづくりとして、もっともっと日常生活や社会体育の中に採用されていくことを望む理由も、ご理解いただけたはずです。

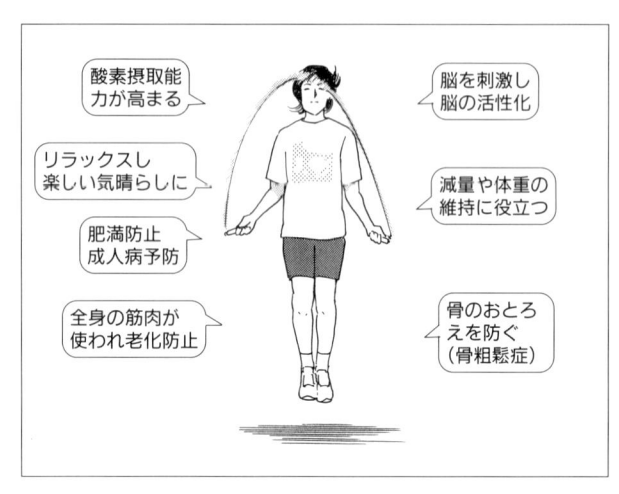

図22　なわとびのエアロビクス効果
　　　（澤田芳夫、1994年、によるものを改変）

●引用・参考文献

- 朝山正巳・彼末一之ら（1996年）：運動生理学，東京教学社．
- 榎木繁男（1977年）：5分間なわとび健康法，講談社．
- 榎木繁男ら（1982年）：心拍数による各種スポーツの運動強度となわとびの運動強度との比較，麻布大学教養部研究紀要第15号，85-97．
- 榎木繁男ら（1994年）：なわとび運動の生理学的研究Ⅴ－心拍数による年代別運動強度－，麻布大学教養部研究紀要第27号，37-52．
- Filson, Sidney and Claudial Jessup (1978): Jump into Shape, Franklin Watts, Inc.
- 現代学校体育大事典（1981年）：大修館書店．
- 学校体育授業事典（1995年）：大修館書店．
- http://nawabito-id.hp.infoseek.co.jp/training%20notes.html.
- 猪飼道夫・山地啓司（1971年）：心拍数からみた運動強度，体育の科学21巻，589-593．
- IAAF（1991年）：Introduction to Coaching Theory.
- 井上一男（1959年）：学校体育制度史（増補版），不明．
- カルボビッチ，猪飼道夫・石河利寛訳（1971年）：運動の生理学，ベースボール・マガジン社．
- 川口啓編（2003年）：教師の抑えどころ勘どころ－小学校体育科3～4年，明治図書．
- ケネス・クーパー，広田公一・石川亘訳（1972年）：エアロビクス，ベースボール・マガジン社．
- 九州大学健康科学センター編（2000年）：健康と運動の科学，大修館書店．
- 前田如矢（1997年）：運動生理学，金芳堂．
- 文部省（1999年）：小学校学習指導要領解説（体育編），東山書房．
- 文部科学省（1999年）：中学校学習指導要領解説（保健体育編），東山書房．
- 日本レクリエーション協会編（1986年）：遊びの大事典，東京書籍．
- 日本なわとび協会（1986年）：リズムなわとび，成美堂．
- 岡野進・榎木繁男ら（1996年）：なわとび運動動作の生体力学的分析，明海大学教養論文集 No.8, 1-11．
- 岡野進・榎木繁男ら（1998年）：なわとび運動の2重跳び動作の生体力学的分析，明海大学教養論文集 No.10, 1-13．
- 岡野進編著（2004年）：概説スポーツ，創文企画．
- 奥成達・ながたはるみ（1987年）：遊び図鑑，福音館書店．
- 大橋浩司（2001年）：体育科教育11月号，24-29．
- SSF（笹川スポーツ財団）（1992年）：Double Dutch (Video).
- 山地啓司（1981年）：心拍数の科学，大修館書店．
- 山地啓司（1992年）：最大酸素摂取量の科学，杏林書院．
- 山内日吉（1953年）：リズム縄跳び，体育の科学社．
- 山市孟・田渕規距夫（1981年）：リズムなわとび，不昧堂出版．

＊『古典』については省略．

索　引

あ行

RMR　125
足きりとび　77,79
足たたきとび　19
あや（とび）　9,12,25
1回旋1跳躍　11
1回旋2回旋あや　30
1回旋2跳躍　10
ウォーミング・アップ　5
後ろあやとび　14,15
後ろ速あや　16,17
後ろ側振あや　16
後ろ側振前後交差とび　26
後ろ2重あやとび　32,33
後ろ2重とび　28,29
後ろ交差2重とび　32,33
後ろ交差とび　26,27
後ろならびとび　41
後ろ回しとび　23
運動強度　120-127
運動不足病　141
エアロビクス（運動）　115
エネルギー消費量　125
エネルギー代謝率　125
大波小波　108
おじょうさんおはいり　108

か行

回旋移動距離　135
回転とび　40
かえし技　16,17
かけ足2回旋　31
かけ足3重とび　36,37
かけ足あやとび　28
かけ足交差とび　28,29
かけ足とび　19,25
片足とび　18
片足前出しとび　19
片足前とび　20
片足横出しとび　20
片側回旋　9
学校体操教本　109
学校体操教授要目　113
かぶりなわ　111
基礎代謝量　125
脚側振とび　23
脚前振とび　122
脚前振両足とび　23
競技なわとび　119
グーツムーツ　106,109,110
クーパー　115,142
屈膝とび　132
組み合わせとび　47-55,76,77
グリップ　3
りんけんとび　67
健康づくり　141
交互出入りとび　44
交差（とび）　12,26,27
交差3回旋　36,37
交差3重とび　36,37
交差2回旋　32,33
交差2重とび　32,33
抗酸化能力　142
後方回旋（とび）　7
後方回旋2重とび　28,29
後方片手交差（とび）　26,27
ゴールデン・エイジ　137
5人の短なわとび　45

さ行

最高心拍数　121,124
最大酸素摂取量　120,121
サイドクロス　26,27
左右開脚両足とび　18
左右開閉とび　20
左右交差開閉とび　21
澤田亭　142,143
3人の短なわとび　44
持久とび　77,78
自転車エルゴメーター　120
ジャンプ高　129,130
十字とび　58,59
シューピース　109
順回旋　8
シングル部門　65
シンクロなわとび　119
伸膝とび　132
心拍数　121-124
スキップ　127
鈴木勝巳　119
スタート　6
スティック・ピクチャー　128,133
スピードとび　79,80
生活習慣病　141
青少年のための体操　106,109
前後移動とび　42

索引

前後開脚両足とび　18
前後開閉とび　20
前後交差　8
前後左右交差開閉とび　22
前後左右開閉とび　21
前後横ならびとび　43
全身持久力（スタミナ）　123
前方回旋　7
前方片手交差（とび）　13
相馬大　107
速あや（とび）　14,32,33
速あや3回旋、順・交・交とび　34,35
速あや3回旋、順・交・順とび　34,35
速あや3回旋、順・順・交とび　34,35
側振（回旋）　9
側振あや（とび）　26,27
側振交差2重とび　26,27
側振交差とび　13
側振前後交差とび　16,17
側振とび　23
速側振あや　14,30
速側振交差とび　14,15,30
速側振交差2重とび　32,33
速側振前後交差とび　32
速側振前後交差2重とび　36,37
速側振前後交差前あやとび　36,37
速側振速あや　34
速側振2回旋　34
速側振2重あや（とび）　34,35
3回旋　34,35
3回旋・交差2重とび　38,39

3回旋・3回旋あや　36
3重あや順・交・交とび　34,35
3重あや順・交・順とび　34,35
3重あや順・順・交とび　34,35
3重・交差2重とび　38,39
3重・交差3重とび　36
3重とび　11
3人の短なわとび　44
3拍子とび　75

た行

ダイエット　116
体力づくり　139
縦ならびとび　43
ダブル・アイリッシュ　64
ダブルス部門　65
ダブル・ダッチ　64-67
短なわ　7
調整力　139
長短十字とび　58,59
長・短なわとび　57
長短平行とび　58,59
つた　107
つる　106
トレッドミル装置　120
とんび　77,79

な行

中なわ　40
2回旋1跳躍　11
2回旋2回旋あや　31
2重あやとび　14,15,32,33

2重・交差3重とび　38,39
2重・交差とび　28,29
2重・交差2重とび　31
2重とび　11
長なわとび　56
長なわ平行とび　58
なわ　2,3
なわとび歌　109
縄跳び運動　115
なわとびカード　70-79
なわとび種目・得点表　83-84
なわとび進級表　80-82
なわの受け渡しとび　41
二條内（外）回旋通過なわとび　114
二條内（外）回旋なわとび　114
野口源三郎　113,115

は行

バイオメカニクス分析　127
背面あやとび　14,15
背面交差　8
背面交差とび　14,15,26,27
背面側振交差とび　16,17
背面2重あやとび　16,17
バウンド・ボード　75,76
発育発達　136,137
8の字とび　77,79
パッフェンバーガー（博士）　141
はやぶさ　14,32,33
肥満解消　125
ひもとびのなかま　79
フィニッシュ　6

踏みかえとび　19
プライオメトリック・トレーニング　139
プレ・ゴールデン・エイジ　137
方向変換（易）　46
方向変換（難）　47

もも上げとび　19

| や行 |

やさしい方向変換（転換）　46
山市孟　107, 109, 110
山内日吉　113, 114
郵便屋さん　108
横ならび前後移動とび　43
横ならびとび　42
横向きとび　41
4人の短なわとび　45
4回旋・4回旋あや　38
4重とび　11
4重・交差4重とび　38

| ら行 |

ラープとクラウス　141
リーメス　64, 66
リズム縄跳び　113, 114
リズムなわとび　60-63
リットル　77
両足・交差2重とび　30
両足とび　18, 24
両側回旋　9
両速側振あや　38, 39
両速側振交差とび　38, 39

| わ行 |

藁縄　107
わらべ唄　109

| ま行 |

マイヤー　106
前ならびとび　41
前振りとび　22
前振り両足とび　23
向かい合いとび　41
むかえなわ　111
難しい方向変換（転換）　47

あとがき

　長年、中学・高校において、なわとびを生徒に指導するとともに、なわとびを生理学やバイオメカニクスの面から、その運動特性を明らかにすることを試みてきたわれわれ著者3名は、この1年をかけて、やっと本書を完成させることができました。今は、長年の夢が叶い、本書を上梓することができた満足感とともに、読み返すにつけ、なわとびのすばらしさと、その魅力に改めて感じ入っているところです。

　本書を書き上げるにあたって最も気遣ったことは、誰もが理解しやすく、わかりやすいものにするということでした。そこで、第1・2章のなわとびの跳び方（種目）名については、1つの跳び方でいくつかの名前がある場合は、括弧（かっこ）に別名を書くことにしました。また、イラストを駆使し、わかりやすい跳び方の説明を加える努力をしました。

　ところで、今、なわとびは、学校体育の教材として、また遊びとして、残念ながら少しずつ影が薄くなってきているようです。

　われわれの1つの願望は、本書でも述べましたとおり、なわとび（運動）の効果は子どもから大人まで、それぞれ絶大なものがありますし、何よりも、小学校から高校の体育教材として、どの発育・発達段階においても適した運動であると確信できることからしても、ぜひとも小・中・高校の体育の授業の中に取り入れてもらいたいということなのです。そうすれば、なわとびは、学校（体育）が発信源となって、公園での遊びや地域クラブ、またスポーツ・トレーニング（手段）として行われ、やがてはまた以前のように盛況を取り戻すことになってくるはずなのです。

　本書でも紹介したように、なわとびには、何百種類の跳び方があります。「短なわ」での挑戦は、実におもしろく、また奥深いものがありますし、「長なわとび」では、多くの仲間たちと楽しむことができますし、コミュニケーションの輪を広げることもできます。こうしたすばらしいなわとび運動を、文化（財）として、これから先々まで、ずっと伝えられたらと願うわけです。

　皆さまには、ぜひ本書を読んでいただき、楽しくかつ奥深いなわとびに、興味・関心を抱いていただきたいと思いますし、もちろん本書で紹介した様々な

なわとび（運動）に挑戦して欲しいのです。

　また、もう一つの本書のねらいは、なわとび指導者の養成です。多くの指導者の方々が本書を読んでくださり、なわとびの効果や魅力を理解してくださるとともに、跳び方や指導のし方をマスターしてくだされば、それだけ多くのジャンパー（なわとびを跳ぶ人）たちが育っていくことにつながります。指導者の皆さんには、ぜひとも本書を片手に、できるだけたくさんの子どもたちや大人たちに、なわとびを教えてあげて欲しいものです。

　最後になりますが、特に第2章を執筆するにあたり、貴重な資料の提供やコメント等をしてくださった群馬県の伊勢崎市立三郷小学校の豊田博先生、ならびに東京都大田区立馬込第三小学校の矢野登志子先生に心から感謝申し上げます。また、本書が発行されるまでの間、常に有効なご指摘とアドバイスをしてくださいました㈱大修館書店編集第三部の太田明夫部長に、心から感謝申し上げる次第です。

　　　　　　　平成17年10月1日

　　　　　　　　　　　　　　　　　　著者を代表して　　岡野　進

〈著者紹介〉

榎木繁男(えのき　しげお)
1926年、長野県生まれ。1949年、東京体育専門学校(現・筑波大学)卒。都立小山台高校教諭、麻布(獣医科)大学教授、産能大学教授を歴任し、現在、麻生体育研究所(代表)。
著書『5分間なわとび健康法』(講談社) 1977年、他。

岡野　進(おかの　すすむ)
1947年、広島県生まれ。1970年、東京教育大学体育学部(現・筑波大学)卒。都立小山台高校教諭、山梨県立女子短期大学(現・山梨県立大学)助教授を経て、現在、明海大学経済学部教授。
著書:『走幅跳・三段跳』(ベースボール・マガジン社) 1989年、『実戦陸上競技(トラック編)・(フィールド編)』共編著(大修館書店) 1990年、『ジャンプ・トレーニング・マニュアル』(ベースボール・マガジン社) 1994年、『スポーツのはなし』(創文企画) 1996年、『小学生の陸上競技指導教本』(創文企画) 1998年、『概説スポーツ』(創文企画) 2004年、他。

和中信男(わなか　のぶお)
1942年、東京都生まれ。1965年、東京教育大学体育学部(現・筑波大学)卒。桐朋中学・高校教諭(高校部長)を経て、現在、桐朋中学・高校非常勤講師。
著書:『陸上競技の方法』共著(同和書院) 1990年、『中学校体育実践指導全集』第4巻・陸上競技、共著(日本教育図書センター) 1992年、他。

誰でもできる楽しいなわとび

© ENOKI Shigeo, OKANO Susumu, WANAKA Nobuo 2005　　NDC 781　160p　21cm

初版第1刷―――2005年11月20日

著　者―――	榎木繁男・岡野進・和中信男
発行者―――	鈴木一行
発行所―――	株式会社大修館書店

〒101-8466　東京都千代田区神田錦町 3-24
電話 03-3295-6231 (販売部) 03-3294-2358 (編集部)
振替 00190-7-40504
[出版情報] http://www.taishukan.co.jp
　　　　　　http://www.taishukan-sport.jp (スポーツ)

装丁者―――	大久保浩
本文イラスト―	川口　透
印刷所―――	藤原印刷
製本所―――	難波製本

ISBN 4-469-26592-6　　Printed in Japan

Ⓡ 本書の全部または一部を無断で複写複製(コピー)することは、著作権法上での例外を除き禁じられています。

みんなが主役になれる
バレーボールの授業づくり

福原祐三・鈴木 理——著
●B5判・104頁
定価1,575円（本体1,500円）

誰もがバレーボール好きになる具体策を紹介。

小・中学校のバレーボールの授業をどう行うべきか。部活動とは違う、様々な教材づくりの工夫やスキルアップのための方法をわかりやすく紹介。運動を苦手とする子どもにバレーボールの楽しさが実感できるよう各種の方法を、技能レベルに応じて具体的に示す。指導に便利な学習資料も添付。

主要目次　第1章 ゲームの面白さはどのようにして生み出されるのか　第3章 授業実践の事例
　　　　　　第2章 スモールステップによる教材づくり　　　　　　　　第4章 授業にすぐ役立つ学習資料

大修館書店　書店にない場合やお急ぎの方は、直接ご注文ください　☎03-3934-5131

スポーツ選手なら知っておきたい「からだ」のこと

小田 伸午 著

スポーツは、筋肉・筋力が全てではない！

速く走る、素早く相手をかわす、速いボールを投げるなどは、単に筋力を高めるだけでは効果は期待できない。骨や筋肉、関節などの成り立ちを知り、二軸動作や常歩（なみあし）を理解することがいかに重要かを、イチロー選手やクレメンス投手、末續選手などを例にして解説。●B5判・136頁・二色刷 **定価1,680円**（本体1,600円）

主要目次　第1章 誰もが知っておきたい「骨と筋肉と関節」のこと／第2章 誰もが知っておきたい「身体運動を引き起こす二つの力」のこと／第3章 誰もが知っておきたい「脳と神経」のこと／第4章 誰もが知っておきたい「二軸動作」のこと

大修館書店　直接注文は電話かホームページで ▶ ☎03-3934-5131　http://www.taishukan.co.jp

★定価＝本体＋税5％（2005年11月現在）